2024

九星別 ユミリー風水

一白水星《いっぱくすいせい》

直居由美里

大和書房

風水は人が幸せに生きるための環境学

人は地球に生まれ、その地域の自然環境と共存しながら生き、生涯を終えます。その人の生涯を通して、晴れの日や嵐の日を予測しながら幸せに生きていくための環境学が風水です。

人は〝宿命〟という、生まれながらにして変えられない条件を背負っています。自分では選べない生きるうえでの条件なのですが、二十歳《はたち》頃から自らが社会に参加し生きていくようになると、宿命を受け止めながら運命を切り開くことになるのです。

そうです。運命は変えられるのです。

「一命二運三風水四積陰徳五唸書《いちめいにうんさんふうすいしせきいんとくごねんしょ》」という中国の格言があります。人は生まれてから、自らが自らの命を運んで生きている、これが運命です。風水を取り入れることでその落ち込みは軽くなり、運気の波は上り調子になっていくのです。そして、風水で運気が上昇していく最中でも、人知れず徳を積み（四積陰徳）、教養を身につける（五唸書）努力が必要であることを説いています。これが本当の幸せをつかむための風水の考え方です。

出会った瞬間からハッと人を惹きつけるような「気を発する人」はいませんか？ 「気」とは、その人固有の生きる力のようなもの。自分に適した環境を選べる“磁性感応”という力を持っています。

本書で紹介している、あなたのライフスター（生まれ年の星）のラッキーカラーや吉方位は、磁性感応を活性化させてよい「気」を発し、幸運を引き寄せられるはずです。

CONTENTS

2024年はこんな年

若々しいパワーに満ちる1年

2024年は三碧木星《さんぺきもくせい》の年です。20年間続く運気のタームである、第九運の始まりの年にもなります。

これからは新しい生活環境や働き方をはじめ、世の中のシステムが見直されていきます。2024年は三碧の象の力強い若い力をあらわし、若者の行動や新規ごとに注目が集まりそう。新しい情報や進歩、発展、活発、若さなどがキーワードになります。

若者がニュースの主役に

九星の中で最も若々しいパワーを持つ三碧ですが、未熟さ、軽率、反抗的な行動なども要素として持っています。よくも悪くも10代の言動が、社会を驚かせることでしょう。安易な交際や性犯罪の話題があるかもしれません。

草木は発芽するときに、大きなエネルギーで固い種子の皮を打ち破ります。そのため、爆発的な力を持っていることも2024年の特徴です。

新しい価値観がトレンドを生む

子どもの教育やスポーツにも関心が集まります。大きなスポーツ大会では、若い選手たちの活躍が期待できます。また、AIを駆使した音楽もつくられていくでしょう。コンサートやライブなどの音楽イベントもIT技術によって、新しいスタイルが定番となります。若い男性ミュージシャンや評論家、ボーイズグループも目立ち、ソロ活動する人にも注目が集まるでしょう。

ファッションも、若者たちの感性から、新しい素材やユニセックスを意識したスタイルが生まれます。

言葉によるトラブルに注意を

三碧には言葉や声という象意《しょうい》もあります。若者特有の言葉や造語が流行語になります。また、詐欺や嘘が今以上に大きな社会問題になる可能性が。地位ある人や人気者が失言により失脚することもあるでしょう。

ガーデニングなど花にかかわる趣味やイベントが注目を集めます。風水では生花はラッキーアイテムのひとつですが、特に2024年は季節の花を欠かさないようにしましょう。また、新鮮、鮮度も三碧の象意。初物や新鮮な野菜を使ったサラダがおすすめです。

2024年

一白水星のあなたのラッキーアイテム

ラッキーカラーの白に、草花をイメージする
さわやかな色合いを取り入れ、幸せを引き寄せて。

バッグの中身

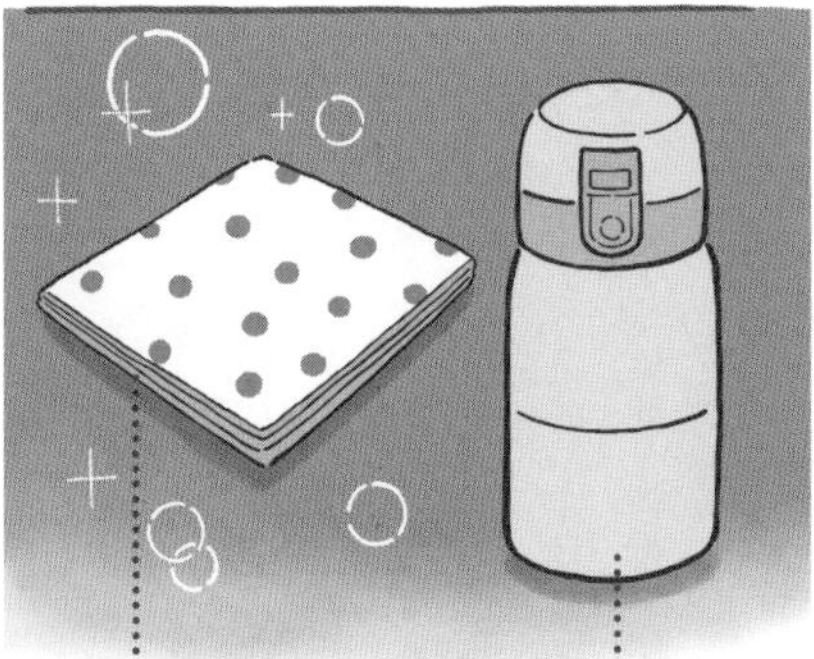

白地に緑色の水玉が入ったハンカチ

浄化を象徴する白は気の流れをスムーズにしてくれる色。バッグには常に白いハンカチを入れ、お守りにしましょう。緑の水玉が入ったデザインが○。

黄色いマイボトル

今年は黄色のアイテムがラッキー。黄色いマイボトルをバッグに入れ、運に弾みをつけましょう。マイボトルには好きな飲み物を入れ、ひと息入れましょう。

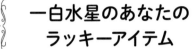

黄色いマイボトルや
白いアイテムがラッキー。

インテリア

白いペン立て
白は一白のラッキーカラー。リビングやデスクに白のペン立てを置き、筆記具の整理を。マグカップなどで代用しても OK。

白いソファカバー
家族が過ごすリビングのソファに白いカバーをかけて、空間を浄化させましょう。カバーはコットンのものがおすすめです。

A MESSAGE TO YOU

一白水星のあなたへ

流れる水のようにしなやかな一白 2024年は人生の種をまきはじめる開始運

九星の中で唯一、水のエネルギーを象徴する一白水星。水は状況に応じて自在にその姿を変えます。丸い器に入れたら丸く、四角い器なら四角に。毎年めぐって来る運気を素直に受け入れ、柔軟に生きることが開運の秘訣です。第1章の「一白水星の自分を知る」を読めば、あなたがまだ気づいていない隠れた力がわかります。

2024年の一白は、計画実現への種まきを始める開始運がめぐります。今年はたくさんの種まきをして、行動力を発揮しましょう。チャンスがやってきたときに迷わないように、準備を整えておきましょう。積極的に交友関係を広げ、人脈を築いてください。また、さまざまなタイミングで情報のアンテナを張っておくことも大切。未経験なことには手を出さず、確実なものだけに全力を注いでください。そして、一度始めたことは、最後までやり抜きましょう。

年齢別 一白水星の2024年

16歳　2008年生まれ／子年

勉強より恋愛に関心が向きそうです。大いに青春を謳歌できますが、テンションが上がりすぎてトラブルを引き起こす可能性が。イヤホンをつけたまま、歩きスマホをしないようにしましょう。

25歳　1999年生まれ／卯年

やる気に満ちてチャレンジ精神旺盛《おうせい》になります。将来の成功を手にするために自己投資を忘れないこと。トレンドに追いつかなければと焦るとだまされることも。情報を見極める能力をアップさせてください。

34歳　1990年生まれ／午年

デジタル関連のスキルアップを心がけてください。積極的にリスキリングのセミナーに参加すると、新しい可能性を手にすることができます。突破力はアップするので、上手に運気の波にのりましょう。

43歳　1981年生まれ／酉年

忙しくて疲れがたまりがちです。チャンスをつかんでも、なかなか最後までやり通すことができません。どれもが中途半端になりがち。目標達成のためのロードマップを作ってから、アクションを起こすようにしましょう。

年齢別 一白水星の2024年

52歳 1972年生まれ／子年

言葉に対して慎重になってください。部下や子どもたちに、価値観を押しつけてはいけません。彼らの創造力をつぶすことにつながります。相手の話は最後まで聞き、わかりやすい言葉でコミュニケーションをとって。若い才能のサポートが開運の鍵です。

61歳 1963年生まれ／卯年

今まで積み重ねてきたキャリアとは違うことをしたくなります。躊躇《ちゅうちょ》しないで果敢に挑戦してください。新しく知り合った人たちから財テク情報がもたらされますが、距離を置いたほうがいいでしょう。情報の真偽を確認することが重要です。

70歳 1954年生まれ／午年

新しい趣味やスポーツを始めましょう。特にガーデニングなど植物にかかわる趣味がおすすめです。マンション住まいなら、ベランダガーデニングを。仲間が増えますが、自己主張ばかりしていると、周囲から浮いてしまいます。他人に譲《ゆず》るゆとりが大切です。

79歳 1945年生まれ／酉年

家族や友人と楽しい時間を過ごせます。そのための飲食代は準備しておきましょう。友人を訪ねるときは手土産を。話題のスイーツや季節の花がおすすめです。友人にハガキやメールを送るときは、好きな言葉を添えると、よいお付き合いが続きます。

第1章 一白水星の自分を知る

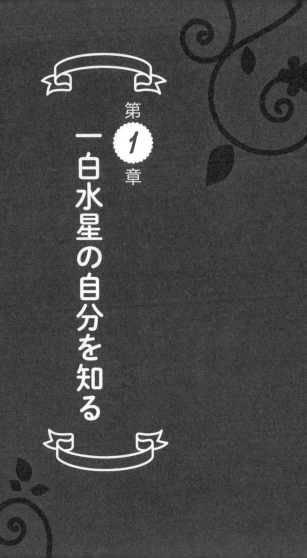

一白水星はこんな人

ラッキーカラー　白・黒・水色・紺・赤

ラッキー方位　北

臨機応変に対応する 癒《いや》しを与える行動派

水を意味する一白水星は、ライフスターの中ですべての星に影響を与えることができます。水はどんな形の器にも収まるうえ、熱せられれば蒸気として気体となり、冷やされれば氷として固体となり、状況により姿や形を変えられる順応性を持っています。さらに、濁流のように激しく山をも動かすほどの行動力を持ち合わせています。活動的である反面、水が人に癒しを与えるように、周囲に安定や希望を与えることができるのも一白水星の長所。人気運も備わっています。人あたりはソフトですが、本質はとても頑固で決めたことは譲りません。秘密主義な面も持ち合わせていて、用心深く、誰にでも心を開くタイプではありません。相手と腹を割って話すまでには時間がかかりますが、それだけ人付き合いには慎重ということ。信用できない相手とも上手に付き合えますが、忠告などはやんわりと拒否するのも上手。でも一度信頼関係を築いた相手には内面を見せ、裏切ることはありません。

ラッキーカラーは白、ラッキー方位は北

右ページにあるラッキーカラーとは、一生を通してあなたの運気を助ける守護色です。色のパワーがあなたに働きかけ、あなたの発する気をよいものにしてくれます。住まいのインテリアや洋服、持ち歩くものに取り入れるようにしましょう。また、ラッキー方位とは自然界のよい気が自分に流れてくる入口のようなもので、住まいの中で大切にしたい方位です（48ページ参照）。一白水星のラッキー方位は北なので、住まいの北が汚れていると邪気のまじった気を自分が受けることになります。ですから、いつもきれいにしておくことが大切です。また、北を枕にしたり、北を向いて座ったりすることで、あなたの内側から湧いてくる力を高めてくれる効果もあります。

一白水星の 人生

目標や夢が自己実現させる原動力

水滴から大河へとさまざまな難関を乗り越えて成長していくのが、一白水星の一生です。留まれば水はよどみますから、常に何かに向かって動いています。水があちこちに流れて浸透していくように、生まれた場所に留まらずに人生を歩んでいく傾向にあり、故郷や親元から早く離れる人もいるでしょう。水はひとつの形でいるということがなく、器に注がれて初めて形を見せます。一白水星にとって、器は人生の目標や生きる方向性のようなもの。器が決まるまでは、自分の実力が伴わなかったり、挫折感を味わったりすることがあるかもしれません。でも、器が決まるとパワーを発揮し、一生懸命に努力をします。このときの水のパワーはとてつもなく大きいのです。小さくても目標や夢を持ち続けることが、幸せな人生を送る鍵になります。

一白水星は、どちらかというと若いときに活躍の場を与えられる早咲きの星ともいえます。スポーツなど特定の分野で才能を発揮する人が多く、一芸に秀でる人。交友関係が広い人ほど運が開けます。周囲からは好かれますが、誰にでも心を開くわけではないので、本音は言わないこともあり、孤独を感じることも多いでしょう。

早咲きゆえに、その後のスランプや苦労をなんとか乗り越えることで中年期、晩年期が安定します。水が本来持つパワーは絶大です。ときには流れが穏やかすぎて自分自身に苛立《いらだ》つこともあるでしょうが、自分の力を信じて動き続けることが肝心です。

若い時代に自立を目指し、中年期での安定を!

人生は今の経験が積み重なってできあがっていくもの。浮かれず、落ち込まず、長い目で人生を見渡しながら年齢とともに高める運気を、晩成運といいます。よりよい晩成運の波にのるためには、自分の人生が遅咲きか早咲きかを知り、人生の基盤を強固にしていくべきです。一白水星は、若い頃にチャンスを与えられて活躍する早咲きの星。人気運があり、交友関係が広いほど運気が高まります。一白は水の星のため、気体にも液体にもなる臨機応変な柔軟性が持ち味です。でも、どこまでも相手の要求のままに対応していては、損をしたり、無駄な労力を費やしたりすることにもなりかねません。これ以上は手を出さないという、自分のできる範囲を決めることで、よりよい晩成運をつかむことになります。

一白水星の 金運

着実に財産を築くしっかり者

お金に対しては堅実なので、金銭的な苦労は多いほうではありません。コツコツとお金を貯め、長い時間をかけて着実に財産を殖《ふ》やしていくことができます。若い頃に金銭的に恵まれなくても、お金の管理は上手。でも、あまり細かい金額にこだわりすぎると、貯まるものも貯まりません。お金は回していくことで大きく育ちます。水が1か所に留まっていてはよどんで腐ってしまうように、お金も水のように動かしていくことが大きな財産を築く基本です。自分が認めた人や会社、事業に投資すると、予想以上の富を築けそう。なかには、人との出会いが大きなきっかけとなって、棚からぼたもち式の金運に恵まれる人も。人との縁を大切にすることが蓄財の鍵となります。

とはいえ、一時的に大金を手にしても、流れる水のようにすぐに出ていってしまうという人もいます。一攫千金《いっかくせんきん》をねらうような投機的な資産運用は向きません。もともと一度に大金を手に入れるという発想がないあなたですから、資産運用で大損をするという大きな失敗も少ないでしょう。

一白水星の才能・適性

困難に負けない駆け引き上手

環境に合わせて自分を変えていくことが得意なので、どんな仕事でも器用にこなし、職場の人とうまくやっていけるタイプです。実利をつかむ才に恵まれ、引いたり押したりする加減が絶妙で、クールに駆け引きができる世渡り上手。経験が浅くても名を上げたり、実績を評価される早咲きタイプですが、活躍のときを過ぎても勉強を続けて頑張ることで、再び返り咲くことができるでしょう。

ひとたび目標が決まると熱心で凝《こ》り性な面が強くあらわれ、困難な仕事でも粘り強く取り組むことができます。ただし自信家でもあるため、周囲を無視して無理に突き進むと、突然、地位や名誉を失うことになるかもしれません。中身と見かけにギャップがあるので、人から理解してもらう努力を惜しまないようにすることが大切です。

一白に向いているのは、水に関係する仕事やソフトな接客が求められる仕事です。水泳のインストラクター、栄養士、外交官、銀行員、技術者、園芸家、飲食店、小売業、哲学者、水産・漁業関係などが向いています。

一白水星の恋愛・結婚

ゆっくりと愛を築く慎重派

地面に少しずつ水が浸透していくように、本当に好きになった人とは時間をかけて愛を育《はぐく》んでいくタイプです。相手を信用して初めて心を開き、距離を縮めていきます。恋愛に対してはいつも冷静なため、そのクールさで恋のチャンスを逃してしまうことがあるかもしれません。一度好きになったら尽くすほうで、嫉妬《しっと》深い面もあります。周囲を驚かせるような大胆な行動をとったり、自分と同じ気持ちを相手に求めすぎたりする傾向があり、その強引さが相手との関係においてマイナスに働いてしまうことも。水があちこちへ流れるように、浮気性なところもありますが、たとえ一過性の恋で傷ついたとしても、立ち直りは早いほうです。

別れ方は水が地面に吸い込まれるように、少しずつ自然消滅というパターンが多いかもしれません。また、お酒がらみの異性問題に悩まされることも少なくないでしょう。結婚は情に流されがちで、早婚の傾向があります。でも、結婚という形にこだわらないので、事実婚、週末婚や別居婚のケースも少なくありません。

一白水星の 家庭

家族第一主義の家庭人

肉親との縁は薄いほうですが、親の面倒をみる環境に立たされたり、親に代わって、妹や弟など年下の世話をすることが求められることも。自分の家族を持ってからは、一家の大黒柱として家族に尽くしたり、責務をしっかり果たしたりします。自分のことよりも家族を一番に考える傾向にあるので、よい家庭人といえます。子どもにも恵まれるでしょう。浮気や裏切りは別離に直結しがちなので、不用意な言動は慎まないと家族間でトラブルを招きます。

また、頑固な面が出すぎると家族との間に摩擦《まさつ》が生じます。穏やかな家庭を築くには、一白水星が本来持っている柔軟な姿勢を心がけること。水は高いところから低いところに流れるので、上から目線で子どもと接しがち。頑固な面が強いと、子どもとのコミュニケーションがうまくいかなくなるので気をつけて。秘密主義な面を持っていることは、家族だからこそ敏感に感じられてしまうはずです。隠しごとはせず、本音を言い合える関係を大切にすることが、明るい家庭を築く鍵です。

幸運をもたらす人間関係

周囲に気配りをして力をもらう

人には持って生まれたエネルギーがあり、それを象徴するのがライフスターです。113ページから紹介するライフスター同士の相性というのはそのひとつですが、これとは別に、あなたに特定の人間関係においてはそのエネルギーが深く関係します。それをあらわしたのが中央に自分のライフスターを置いた左の図です。それでは、どんな関係かを見ていくことにしましょう。

運気を上げてくれるのが五黄土星《ごおうどせい》。これはともに働くことであなたに強運をもたらしてくれる相手。あなたの運気を助けてくれる人でもあるので、一緒に長く頑張っていける関係です。お互いプライベートなことは詮索《せんさく》しないで、一定の距離感を持った付き合いをしましょう。やる気を引き出してくれるのは七赤金星《しちせききんせい》。あなたにハッパをかける人でもあり、この人に自分の頑張りを試されるといってもいいでしょう。六白金星《ろっぱくきんせい》はあなたに精神的な安定を与える人、二黒土星《じこくどせい》は名誉や名声を呼び寄せてくれる人です。よくも悪くも新しい話を持ってきてくれるのが九紫火星《きゅうしかせい》です。それに合わせ

名誉を与える 二黒土星	安定をもたらす 六白金星	蓄財をサポートする 四緑木星
お金を運んでくる 三碧木星	自分の星 一白水星	チャンスを運ぶ 八白土星
やる気を引き出す 七赤金星	運気を上げる 五黄土星	新しい話を持ってくる 九紫火星

＊この表は、星の回座によりあらわし、北を上にしています。

て、今までにない新しい交友関係も運んでくれます。

金運は三碧、八白、四緑

金運をもたらす関係といえるのが、お金を運んでくる三碧木星《さんぺきもくせい》、実利につながるチャンスをくれる八白土星《はっぱくどせい》です。

仕事先のクライアントや給与を支払ってくれるのが三碧の人なら、経済的な安定を与えてくれます。八白は、仕事の話や自分には持っていない人脈を運んできてくれる人です。

また、蓄財のサポートをしてくれる四緑《しろく》木星《もくせい》は、財テクや貯蓄プランの相談役として心強い相手です。

9タイプの一白水星

性格は生まれ月で決まる！

生まれ年から割り出したライフスターは、生きていく姿勢や価値観などその人の本質を強くあらわします。でもその人となりの形成には、ライフスターだけではなく、生まれ月から割り出したパーソナルスターも深く関係しています。

パーソナルスターからわかるのは、性格、行動など社会に対する外向きの自分。下の表からみつけてください。たとえば、あなたが一白水星で11月生まれならパーソナルスターは八白土星。一白の本質と八白の性質を併せ持っているということです。

自分のパーソナルスターをみつけよう

生まれ月＼ライフスター	一白水星 四緑木星 七赤金星	三碧木星 六白金星 九紫火星	二黒土星 五黄土星 八白土星
2月	八白土星	五黄土星	二黒土星
3月	七赤金星	四緑木星	一白水星
4月	六白金星	三碧木星	九紫火星
5月	五黄土星	二黒土星	八白土星
6月	四緑木星	一白水星	七赤金星
7月	三碧木星	九紫火星	六白金星
8月	二黒土星	八白土星	五黄土星
9月	一白水星	七赤金星	四緑木星
10月	九紫火星	六白金星	三碧木星
11月	八白土星	五黄土星	二黒土星
12月	七赤金星	四緑木星	一白水星
1月	六白金星	三碧木星	九紫火星

月の初めが誕生日の場合、前月の星になることがあるので携帯サイト（https://yumily.cocoloni.jp）で生年月日を入れ、チェックしてください。

9 パーソナルスター別タイプの一白水星

パーソナルスターは一白から九紫まであるので、同じ一白でも９つのタイプに分かれます。パーソナルスターも併せて見たあなたの性格や生き方は？

一白水星《いっぱくすいせい》

一白がダブルになるので、より柔軟にしなやかに物事を処理していけるタイプ。芯の強さもパワーアップするので、ここ一番というときのパワーはとても大きく、自分の得意な分野で才能を発揮します。人を癒すことも得意なので、人あたりもよく大勢の人から好かれるタイプです。

二黒土星《じこくどせい》

表面的にはソフトに見えますが、実はとても頑固者。一度決めたことは絶対に譲りません。我慢強い二黒の性格を併せ持っているので、人に見えないところでコツコツと努力を重ねます。冷静で明晰《めいせき》な頭脳を持ちながらも、ときおり見せる甘え上手な面で、人に助けられて伸びるタイプです。

三碧木星《さんぺきもくせい》

水のエネルギーと三碧の花のエネルギーを持つので、自分の花にせっせと水をやり続けます。つまり、自分の力で花を咲かせ、成功を勝ちとることができるということです。話術に長《た》けている人が多く、有言実行できるのもこのタイプ。秘密主義な面もあり、すぐには心を開かないところがあります。

四緑木星《しろくもくせい》

樹木のエネルギーの四緑と水の一白の性質を持っているので、自分の水で木を育てる自給自足ができる人。矛盾するところがないので、周囲からも理解しやすい性格です。とてもフレンドリーなので、八方美人にとられることも。外の人にはやさしく、身内には厳しいという面も持っています。

五黄土星《ごおうどせい》

五黄の土のエネルギーを持っているので、一白のエネルギーが強いと水と土がまざり合って泥沼に。外面と内面のギャップを埋められるよう対人関係に気を遣って。とても頑固で一度決めたことは曲げないので、これが初志《しょし》貫徹《かんてつ》という長所に。また、孤独にも耐えられる強さも持っています。

六白金星《ろっぱくきんせい》

六白の竜巻と一白の水の組み合わせなので、滝のような強いエネルギーを持つ人です。自分が先頭に立って進み、強引に人を巻き込んでいく面がありますが、情に厚く周囲への目配りもできるので、人からうとまれることはありません。自分で道を切り開き、財を築いていける人です。

七赤金星《しちせききんせい》

華やかな雰囲気と人を癒す力で周囲の人を惹きつけます。豊富な人脈を自分の力で築きあげ、その人脈に助けられることが多い人です。人あたりがよく社交派に見えますが、実は本心をなかなか語らないタイプ。一度決めたことは曲げない頑固な面もあり、周囲を驚かせることもあるでしょう。

八白土星《はっぱくどせい》

性格は陽気、どっしりとした安心感を漂わせる人です。ささいなことで慌てることはありません。周囲からは交際上手と思われるかもしれませんが、交際範囲は狭いほう。好き嫌いははっきりしており、お世辞を言うのが不得手《ふえて》。特定の分野で才能を発揮する人が多い星の組み合わせです。

九紫火星《きゅうしかせい》

九紫の火と一白の水というパワフルなエネルギーを持った人です。闘争心が旺盛で負けず嫌いですが、物事には柔軟に対処していけます。水と火という両極端な性格を持っているので、周囲から誤解されることも。自分自身を上手にコントロールすれば、幸運につながります。

第2章

一白水星の2024年

2024年の全体運

2024年2月4日～2025年2月2日

計画を行動に移すときです

２０２４年は積極的に前へと進むべき開始運です。２０２３年までで畑を耕し、種をまく準備は終わっています。種まきを始めるときがやってきました。どんな状況でも臨機応変に対応できるあなたですから、チャンスとみたら、すぐに行動を起こしましょう。ただし、準備が不十分なままチャンスをつかまえようとすると、運気の後押しは期待できません。アンテナを張りめぐらし、スタンバイ状態でいることが大切です。

チャンスを生かすためには、確実性も重要です。最後までやり抜く努力を忘れてはいけません。瞬発力はあるのですが、冷めやすい面を持っているあなた。一方で、調子にのると派手な行動をとりがちです。粘り強さを発揮して、物事に取り組んでください。

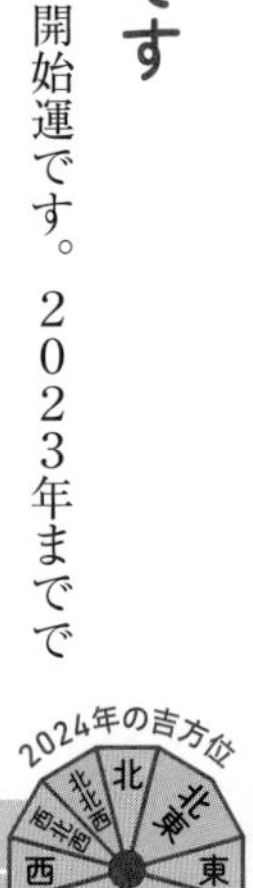

2024年の吉方位　南、北東、北北西

2024年の凶方位　北、東、西、南東、南西、西北西

開始運の年は華やかな雰囲気に包まれ、あなたを取り巻く環境も活気づきます。周囲の注目も集め、人間関係も広がります。スムーズにコミュニケーションをとるためには、相手の話は最後まで聞き、わかりやすい言葉を使うようにしてください。思いやりのない言葉や言い逃れは、周囲との軋轢《あつれき》を生むので気をつけましょう。

いつどんな出会いがあってもよい印象を残せるように、おしゃれも忘れないように。あなたの評価がアップします。

知ったかぶりをせず、真摯《しんし》な対応を

エネルギーが湧き、なんでも自分の思い通りにしたくなります。2024年、特に注意したいのが失言です。また、出所がはっきりしない情報をうのみにして、人を判断してはいけません。

人付き合いが活発になるので、気疲れしやすくなります。また、きちんと理解していないのに、わかったふりをすると後で困った状況に追いこまれます。知らないことは専門家に尋ねるなど、確認を怠《おこた》らないようにしましょう。エネルギッシュに過ごせる年だからこそ、楽天的になりすぎず、気を引き締めてください。

2024年の金運
生きたお金の使い方を

2024年は、積極的な姿勢が金運をアップさせます。新しい情報をキャッチしたり、活気あふれる行動が周囲から評価され、金運を刺激します。活動的になるぶん、出費も増えます。収入を得たときにしっかりと貯蓄し、チャンスをつかむための資金をプールしておきましょう。また、将来の経済的基盤をしっかりつくることも重要です。積み立て貯金を始めたり、投資信託や株式投資を始めるのにも適した運気です。長期間積み立てるiDeCoやNISAを検討してもいいでしょう。金銭への執着が希薄なあなたですが、小さい努力を積み重ねるのは得意なはず。目標を明確にして、一歩ずつ前進してください。

チャンスを引き寄せるためには、人のためにお金を使うことも重要です。周囲の面倒をみる人ほど、金運がついてきます。もうひとつ忘れてはならないのが、自己投資を惜しまないことです。各種セミナーで学んだり、趣味を充実させることはあなたの魅力を磨き、よい気を呼び込みます。毎月収支バランスをチェックすれば、大きな問題に直面することはないでしょう。

正確な情報を生かすマネーライフを

人付き合いに使うお金は人生の必要経費ですが、見栄を張っていると想像以上のお金が出ていきます。人に気を遣いすぎるきらいがあるあなたですが、ありのままの自分に自信を持ち、自然体でのお付き合いを心がけましょう。冠婚葬祭を始め、季節のご挨拶など贈り物をするときは、金額ではなく相手の喜ぶものを選ぶようにしてください。あらかじめ決めた予算内であれば、欲しいものは購入してもいいでしょう。レジャーやグルメを楽しむのもOK。ネットショッピングやテレビショッピングにもツキがあります。ただし、予算オーバーにならないように、本当に必要なものなのかをよく考えて。ニュースから財テク情報やセール情報をキャッチできる運気です。SNSの口コミだけでなく、信頼のおけるニュースをこまめにチェックしましょう。

お金に関する書類は金額や日付などをきちんと確認してから、決まった場所に保管すること。2024年は〝言葉〟が大きなパワーを持ちます。情にもろいあなたは詐欺に遭いやすくなるので、十分に注意してください。

2024年の仕事運

行動力がチャンスを引き寄せる

準備を終え、行動に移る運気です。パイオニア精神を発揮して、新しいことにチャレンジすると、物事は大きく展開していきます。2024年のキーワードは「行動力」です。今までの2年間は我慢することが多く、忍耐を強いられてきましたが2024年からは物事がスムーズに進みます。今まであたためてきたアイデアを形にするのにもいい時機。準備を整え、あなたの長所である協調性を発揮すれば、具体的なアクションに移すことができるでしょう。

熱しやすく冷めやすいところがあるあなたですが、2024年は何事も最後までやり抜くことを肝に銘じてください。自分の可能性をのばすためにも、諦めない強さを意識して。新しい動きにも先入観を持たず、時流にのってみましょう。

上司や先輩への報告や連絡は欠かさないようにしてください。秘密主義になると、支障が出ます。未経験のことは経験者に教えを乞うことも必要。後輩や若い世代との会話からアイデアが浮かぶこともありそうです。

楽観的に構えていると、どんどん現実離れしていきます。夢を見ることが重要なのではなく、実現させることに意味があります。確実性を忘れずに、実現までのプロセスをクリアしていきましょう。

言葉でチームをまとめていくこと

オフィスでの言葉を大切にしましょう。朝の挨拶から始まり、会議、交渉など、仕事は言葉で構成されています。丁寧な言葉のやりとりは、相手との気の交換にもなり、周囲によい気をもたらします。わかりやすい言葉でゆっくり話すように心がけましょう。そして、相手の話は最後までじっくりと聞くようにしてください。

スムーズに仕事を進めるためには情報を整理することも大切です。古いメールは処分し、プロジェクトや重要度別に管理するようにしましょう。メールの開封もれやリターンメールがないかのチェックも忘れないように。携帯電話は忘れないように持ち歩き、呼び出し音の大きさにも注意しましょう。

ストレスがたまったら好きなアーティストの音楽を聴いたり、デスクに季節の花を一輪飾って。花瓶の水を毎日取り替えると、心身も浄化されます。

２０２４年の恋愛・結婚運

若々しく、アクティブに！

２０２４年の一白水星は、９つのライフスターの中で一番恋愛運に恵まれます。次から次へと出会いに恵まれ、新しい恋のチャンスも期待できそう。開始運は風水で「始まり」という意味があります。運気を生かすためには恋愛モード全開にして、出会いのときにはあなたの魅力をアピールしましょう。そして若々しい振舞いを心がけること。流行りのアーティストの情報も会話が弾むきっかけになりそうです。

行動範囲を広げると出会いのチャンスも増えます。新しく始めた趣味やお稽古ごとも出会いのきっかけになります。イベントや飲み会、交流会など人の集まる場所や、興味のあることにはどんどんアクセスしてください。アクティブに活動して、恋のチャンスを引き寄せましょう。

２０２４年は自然にテンションが上がります。もともと一途で押しが強いあなた。あまりに強いアプローチは、相手にプレッシャーをかけてしまいます。付き合う相手の選択基準は「信頼」です。じっくりと人柄を見極めてから、結論を出しましょう。

交際中の人は自然な形で結婚へと進展しそうです。期待しているのに、なかなか結婚の話が出ない人とは、けじめをつける時期かも。終わりは始まりのとき、いいご縁はすぐにみつかるでしょう。

モテ期だからこそ、慎重に相手を選んで

軽はずみな言動が誤解を生み、大きなトラブルの原因になります。周囲の注目を集めて調子にのると、わがままだと思われる可能性も。知り合ったばかりの人など、付き合いの浅い人との関係は特に気をつけてください。好きになった人に尽くすあなたは、どうしても過干渉《かかんしょう》になりがち。その割には秘密主義なので、相手は混乱してしまいます。適度な距離感を持ちながらお付き合いをスタートさせることを意識して。そして人柄がわかってきたら、会う時間を増やすようにしましょう。

2024年は心身ともに充実して、活気にあふれ忙しくなります。表面上は華やかな雰囲気に包まれますが、いいかげんな言動をしていると悪い噂を呼びかねません。コミュニケーションをとるときの言葉が重要になるので、あやふやな言葉を使わないように注意してください。

2024年の家庭運

先入観を捨て、家族の言葉を受け止める

多忙で家族と過ごす時間が少なくなる2024年こそ、お互いを理解するために「言葉」が大きな役割を持ちます。言葉に秘められた家族の思いに気づくことが重要です。柔軟性があるようで、実は頑固な一面を持つあなた。持論を家族に押しつけるのではなく、ニュートラルな気持ちで家族の話を聞いてあげてください。会話がギクシャクしても言葉は遮《さえぎ》らないこと。相手にプレッシャーをかけないように心がけましょう。2024年は家族が一緒に楽しめるスポーツを始めてみるのもいいでしょう。また、家族でコンサートにいき、一緒に音楽を楽しむのもおすすめです。

2024年は、長男や若者にかかわるトラブルが起こりやすくなります。本人の意思を確認しながら最良な選択を一緒に考えてあげてください。結論を急《せ》かさず、納得のいく言葉が相手から出てくるまで辛抱強く待つことが大切です。

夫婦間では隠しごとをしないこと。また誤解されそうな言葉を使うと、トラブルになります。感情的な言葉は相手を深く傷つけるので注意してください。

2024年の人間関係運

付き合いはじめは適度な距離感をキープして

新しい世界の友人や知人ができ、ネットワークが広がります。活発になるので気疲れしやすくなりそう。ストレスがたまったら、好きな音楽を聴いてリフレッシュしましょう。いつも笑顔でいられるように気持ちをコントロールしてください。用心深いあなたですが、信用できない人も近づいてきます。信用できる人かどうか見極める力が、2024年の人間関係運を大きく左右します。相手に合わせて付き合い方を変えられるあなた、その長所を発揮してください。まずは広く、浅くからお付き合いを始めましょう。最初からプライベートな話をするのは避けたほうが無難です。

あいまいな返事ばかりしていると誤解されることになります。また、噂話や人の悪口は相手に対するネガティブな言葉が生まれるきっかけをつくります。聞き流して、仲間には加わらないこと。

2024年は周囲の注目を集めてテンションが上がり、軽はずみな行動をとりがちです。誤解されそうな冗談も慎みましょう。

２０２４年の住宅運

新築・リフォームに適した時期

２０２４年は新築、引越し、不動産売買、リフォームなどに適しています。引越しをするなら、現在住んでいる場所から、年の吉方位にあたる南、北東、北北西となる場所を選んでください。できれば、年の吉方位と月の吉方位が重なるときを選んで引越しを。南なら4月、5月、8月、北東なら4月、6月、北北西なら2月、4月、11月。２０２５年1月は南、北東、北北西すべての方位がＯＫです。

ただし、あなたの天中殺《てんちゅうさつ》（50ページ参照）にあたる月は避けましょう。また、あなたが辰巳《たつみ》天中殺の運気の人なら、２０２４年は年の天中殺。世帯主なら土地の購入までは問題ありませんが、引越しは２０２６年の節分までは避けたほうが無難です。

住まいの気を発展させるには部屋の北はいつもきれいに掃除しておくこと。東に盛り塩を置くと２０２４年の運気の波にのることができます。インテリアのアクセントには風鈴やドアベル、オルゴールなど音が鳴るものを取り入れるのがおすすめです。住まいは常に風通しをよくして、いい気を取り入れましょう。

2024年の健康運

疲れをためないようにケアを

パワーにあふれ全力で前進できる運気で、知らずしらずのうちに疲れがたまります。体力に自信がある人ほど無理をしがちなので、体調の変化をキャッチしたら早めにケアを。下腹部にトラブルが出やすくなるので、冷やさないようにしましょう。

寝つきが悪いのは神経が疲れている証拠です。まずは寝室の整頓をして、良質な睡眠をとるための準備をしてください。ベッドの下には物を置かないようにすることも忘れないで。寝室にはスマホなどの電子機器を持ち込まないことも重要です。

好きな音楽を聴いたり、好きな香りの入浴剤でリラックスするように心がけてください。また、植物園やフラワーパークを散歩したり、寝室以外の部屋に季節の花を欠かさないようにして、常にいい気に包まれるようにしましょう。

2024年は喉を痛めがちなので、乾燥対策をしっかりと。冬の暖房だけでなく、夏のエアコンも乾燥の原因になります。うがいを欠かさないようにしてください。また、脚のケガに注意が必要です。特に打ち身に気をつけましょう。

COLUMN 1

~2024年のラッキー掃除~

情報がスムーズに入るように掃除・整頓を

2024年は情報が入ってくる東の方位(家の中心から見て)が重要になってきます。東に段ボールや古新聞を置いていると、よい情報が入るのを邪魔します。忘れてはならない場所が、冷蔵庫の野菜室。野菜くずや汚れを残さないように水拭きし、食材を整理して収納しましょう。

また、電気関連の場所も大切なポイントです。分電盤やコンセントカバーなどにホコリを残さないように。パソコン本体はもちろん、キーボードの溝《みぞ》も綿棒などを使って、清潔さを維持するようにしてください。

第3章

一白水星の運気を上げる風水習慣

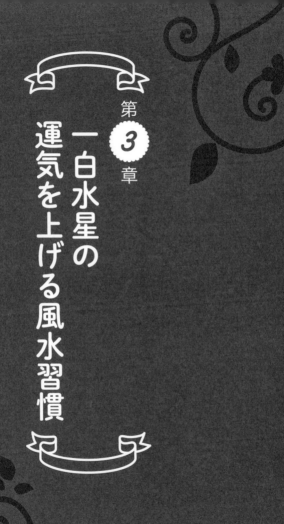

金運アップのアクション

金・銀の
カトラリーを磨く

金色・銀色のアイテムを選んで

２０２４年の金運をアップさせるアクションは、金色や銀色のアイテムを使うこと。金色や銀色のカトラリー、ティーポットセットがおすすめ。素材は純金など本物の素材でなくてもＯＫです。

特別な日のディナーはもちろん、ちょっとぜいたくな気分にひたりたいときに使いましょう。カトラリーやティーポットはきれいに磨き、常にピカピカにしておくこと。ティーポットを使うときはテーブルの真ん中に置くようにすると運気が安定します。

お金の風水

カトラリーをピカピカに磨く

2024年は活気にあふれ、会食やパーティーが多くなります。パーティーに参加して人脈を広げることが金運を開く鍵。家庭でもパーティーに欠かせない銀やステンレスのカトラリーを磨きましょう。それも顔が映るぐらいピカピカにしておくこと。

磨き上げたカトラリーはアイテム別にまとめ、上下を揃《そろ》えて収納を。引き出しは隅々まできれいにして、ホコリやゴミを残さないことも大切です。

家でもBGMを楽しむ

2024年の中宮・三碧は音や響きを象徴する星です。コンサートやライブを楽しむのはもちろん、家の中でも好きな音楽を聴くとよい気を呼び込めます。家事をするときやバスタイム、メイクをするときもBGMを流して音を楽しむといいでしょう。いつも美しいメロディーやリズムに触れていると、自然にパワーを充電できます。

特にきれいに掃除した部屋の中央で、音楽を聴くのがおすすめです。

仕事運アップのアクション

シャツやハンカチにアイロンをかける

素材はコットンやリネンを

２０２４年の仕事運をアップさせるアクションは、仕事に行くときのシャツにアイロンをかけることです。シャツはもちろん、ハンカチもシワがないようきっちりアイロンをかけましょう。洗濯物を干すときに、シワをのばしておくとアイロンがけは楽になります。洗濯物が生乾きのときにかけるとシワはよくのびますが、霧吹きやスチーム機能を使うのもいいでしょう。

シャツやハンカチはコットンやリネンなど自然素材を選んで。素材が持つパワーがいい運気を呼び込みます。

仕事の風水

こまめに情報を更新する

数字が並んでいるカレンダーは仕事運をアップさせます。さらに2024年は情報の更新が重要なポイントになります。きちんと月や日ごとに新しいページをめくるようにすること。また、手帳には新しいアイデアやミッションを書き込むといいでしょう。

パソコンも古いデータをいつまでもデスクトップに置かないようにしましょう。データは保存するか削除し、ソフトのアップデートも忘れないこと。

北西のスペースを整える

仕事運を司る方角は北西です。家の中心から見て北西の場所や部屋を常にきれいに整えてください。2024年は、木製アイテムがよい気を呼び込みます。北西の方角に木製のブックエンドや文具箱を置き、毎日の拭き掃除も欠かさないように。

キャビネットやデスクを置く場合は、書類などを置きっぱなしにせず、引き出しの中に片づけて。整理整頓で、仕事がしやすい環境をキープしましょう。

恋愛・結婚運アップのアクション

切り花の水を毎日取り替える

いつも目に触れる場所に花を

2024年の恋愛・結婚運をアップさせるアクションは、切り花の水を毎日取り替えることです。花を長く咲かせるには、毎日の水替えがポイント。朝起きたときなど、毎日同じ時間帯で行いましょう。切り花は水替えのときに茎の下の部分を切ると長持ちします。しおれた葉っぱなどは適度に取り除いて、花を長く楽しみましょう。

花はリビングなどいつでも目に触れる場所や窓辺の近くに飾ってください。特にピンクの花がおすすめです。恋の力を与えてくれます。

おそうじの風水

東に植物を置き、世話をする

植物は風水のラッキーアイテムのひとつです。三碧の年は東の方角からよい情報が入ってきます。東に観葉植物や生花を置きましょう。2024年は観葉植物の葉にホコリが残らないようにやさしく拭き、花瓶の水は毎日取り替えること。鉢や花瓶も汚れをとるようにしてください。

枯れた葉や花は邪気になります。こまめに手入れして、枯れたものを残さないようにしてください。

楽器や電化製品を手入れする

2024年は音にかかわるものが重要なアイテムになります。ピアノやギターなど楽器にホコリを残さないように手入れしてください。普段使わないものでも、こまめにお手入れを。しまい込んでいる楽器も同様です。

また、三碧は電気の象意も持っています。エアコンや冷蔵庫、テレビ、電子レンジなどの電化製品もきれいにすることが大切です。細かい部分まで丁寧に掃除してください。

住宅運アップのアクション

北に木製オルゴールを置く

木のパワーで運気アップ

２０２４年の住宅運をアップさせるアクションは、家の北に木製オルゴールを置くこと。オルゴールはコロンとした形、または丸みを帯びたデザインを選びましょう。チェストやサイドテーブルの上などに置き、いつでも手にとれるようにするのがおすすめ。木の持つパワーとオルゴールのやさしい音色で、家族の絆を深めましょう。

木製オルゴールは、ホコリがたまらないように乾いたやわらかい布で拭きましょう。直射日光のあたる場所に置くのは避けてください。

住まいの風水

花を育てる

草花は三碧の象意です。庭があるお宅なら、四季を通して花が咲くようにガーデニングをしましょう。庭がない場合は、ベランダガーデニングで花を育ててください。

また、よい気や情報は玄関やベランダから入ってきます。玄関やベランダに余分なものを置くと、それらがよい情報を遮《さえぎ》ってしまいます。開口部はきれいに整え、気がスムーズに入るようにしましょう。

フローリングを磨く

フローリングに掃除機をかけ、その後、ピカピカになるまで磨き上げましょう。木材の持つパワーを引き出すことができます。また、傷があれば、その手入れも忘れずに。

畳やじゅうたんもきれいに掃除してください。大地に近い床は、大きなパワーが漂う場所です。住まいに大地のパワーを常に取り入れるためにも、床には不要なものを置かず、きれいにしておくことが大切です。

吉方位と凶方位のこと

方位はよくも悪くも運に影響を与えます

風水では、吉方位への神社参りをしてくださいとよくアドバイスします。私自身、ほぼ毎日、日の吉方位にある近くの神社へ散歩をしながらのお参りを欠かさずしています。吉方位とはあなたのライフスターが持つラッキー方位（12ページ参照）とは別のもので、自ら動いていくことでよい気をもたらす方位のこと。自分の生活拠点、つまり住んでいる場所（家）を基点に考えます。

旅行や引越しで方位を気にするのは、自分の運気がよくも悪くも宇宙の磁場の影響を受けるから。でも、吉方位へ動けば、自分の磁力が活性化して気力にあふれ、どんどんよい気がたまっていき、巻頭で述べたような「気を発する人」になるのを手助けしてくれます。

吉方位には年の吉方位、月の吉方位、日の吉方位があり、それぞれライフスターで異なります。凶方位も同様です。生活の中に吉方位を取り入れるときは、目的によって左ページのように使い分けます。

日の吉方位

日の吉方位と凶方位は毎日変わります。スポーツなどの勝負ごとや賭けごと、プロポーズ、商談などその日に決着がつくことには、日のみの吉方位（第4章のカレンダーを参照）を使います。

月の吉方位

月ごとにも吉方位と凶方位は変わります。数日間滞在するような旅行は、月と日の吉方位が重なる日に。風水では月替わりが毎月1日ではないので、第4章の月の運気で日付を確認してください。

年の吉方位

年の吉方位は、その年を通してあなたに影響を与え続ける方位です。引越しや住宅購入、転職は方位の影響を受け続けることになるので、年（26ページ参照）、月、日の吉方位が重なる日に。

天中殺は運気の貯蓄をするとき

運気が不安定になる時期をチェック

天中殺とは、周囲が味方になってくれない時期を意味します。自分でコントロールすることができない運気で、これも私たちが持つ運気のひとつです。

天中殺の時期は、家の外は嵐という状態。出る杭《くい》は打たれるというときなので、何の準備もしないで外＝社会に出ていけば、雨風に打たれて心身ともに疲労困憊《こんぱい》してしまいます。ですから前もって自分の天中殺を知っておくことが大切です。天中殺には運気が不安定になるので、不安や迷いを感じやすくなったり、やる気が出なかったりと、マイナスの影響がもたらされてしまいます。

天中殺は、年、月、日と3種類あり、生年月日によって、子丑《ねうし》天中殺、寅卯《とらう》天中殺、辰巳《たつみ》天中殺、午未《うまひつじ》天中殺、申酉《さるとり》天中殺、戌亥《いぬい》天中殺の6つに分けられます。まずは54ページ、133〜135ページの表をもとに、自分の生年月日から割り出してみてください。

誰もが受ける社会から降りかかってくる運気

天中殺は社会から降りかかってくる運気です。ですから、極論をいえば、社会に出なければ天中殺の現象を受けることはありません。でも、社会とかかわりを持って生活する以上そうはいきません。天中殺とは逃れることのできない、〝宿命〟のようなものなのです。ただし、何に気をつければいいのかがわかれば、天中殺の現象を軽減させたり、避けたりすることができます。

天中殺の時期は、社会との摩擦《まさつ》を減らす意味で、受け身に徹したり、自分の言動を戒《いまし》めたりすることが肝心です。自分の欲のために行動したり、新しいことをしたりしてもあまりうまくいかないと心しておきましょう。頑張っても努力が報われにくいときなので、それがわかっていればたとえ失敗しても心のダメージは少ないはずです。

天中殺を無難に過ごすためには、天中殺が来る前から風水生活を実践し、運気の貯蓄をすることで気を高めておくことです。本書にある運気に沿った生活をすることもそうですし、吉方位を使った神社参りやゆったりとしたスケジュールの旅行、また、住まいをきれいに掃除するなど、家の環境を整えることもよい運気の貯蓄になります。

年、月、日の3種の天中殺

では、〝宿命〟ともいえる天中殺はいつやってくるのでしょうか？　天中殺には年の天中殺、月の天中殺、日の天中殺があり、12年に2年間やってくるのが年の天中殺、12か月に2か月間やってくるのが月の天中殺、12日に2日間めぐってくるのが日の天中殺です。めぐってくるタイミングも、6つの天中殺によって異なります。

3種の天中殺のうち、運気に一番大きく作用するのが年の天中殺です。年の天中殺のときに、人生の転機となるような選択をするのはおすすめできません。月の天中殺は2か月間と期間が短くなるので、天中殺の現象が集中することもあります。これらの2種の天中殺に比べると、日の天中殺は運気への影響は少ないといえます。とはいえ、いつもなら勝てる相手に負けてしまう、他人の尻ぬぐいをさせられてしまう、異常に忙しくなる、やる気がまったく出ない……といった影響が出ることもあります。日の天中殺は第4章にある各月のカレンダーに記載してあるので参考にしてください。

2024年は辰年で辰巳《たつみ》天中殺の人にとっては、年の天中殺にあたります。ライフスターごとの運気にかかわらず、辰巳天中殺の人は運気に影響を受けるでしょう。でも、自分のライフスターの運気が絶好調の頂上運の場合は、その運の強さが働いて天中殺の現象を軽減してくれることもあります。逆に運気が低迷する停滞運のときは、天中殺の影響が強く出やすいといえます。

年の天中殺がいつやってくるのかは、左の表でチェックしてください。前述しましたように、天中殺の現象を軽減することは可能です。年の天中殺がいつやってくるかを知ったら、ただ待つのではなく風水生活をきちんと実践して、天中殺に向けての準備をしっかりしておきましょう。

あなたの年の天中殺は？

2024年	辰	辰巳天中殺
2025年	巳	辰巳天中殺
2026年	午	午未天中殺
2027年	未	午未天中殺
2028年	申	申酉天中殺
2029年	酉	申酉天中殺
2030年	戌	戌亥天中殺
2031年	亥	戌亥天中殺
2032年	子	子丑天中殺
2033年	丑	子丑天中殺
2034年	寅	寅卯天中殺
2035年	卯	寅卯天中殺

天中殺の割り出し方

133〜135ページの基数早見表で基数を探し、
誕生日を足して割り出します。

例 1980年5月15日生まれの場合

基数		誕生日の日にち		合計
10	+	15	=	25

基数は10で、生まれ日の15を足すと合計が25。右の表から、21〜30の「午未天中殺」があなたの天中殺になります。合計が61以上になる場合は60を引いた数になります。

天中殺の早見表

1〜10	戌亥天中殺
11〜20	申酉天中殺
21〜30	午未天中殺
31〜40	辰巳天中殺
41〜50	寅卯天中殺
51〜60	子丑天中殺

♡子丑天中殺 ねうしてんちゅうさつ

子年と丑年が年の天中殺で、毎年12月と1月が月の天中殺です。月の天中殺以外では、毎年6月と7月は社会や周囲の応援が得られにくくなるので要注意。この天中殺の人は、他人のために進んで働くタイプ。目上の人の引き立ては少なく、自分自身で新しい道を切り開いていける初代運を持っています。目的に向かってコツコツ努力する大器晩成型です。

♡寅卯天中殺 とらうてんちゅうさつ

寅年と卯年が年の天中殺で、毎年2月と3月が月の天中殺です。月の天中殺以外では、毎年5月は社会からの支援が得られにくくなるので要注意。この天中殺の人は、失敗してもクヨクヨせず、6つの天中殺の中で一番パワフル。度胸はいいほうですが、少々大雑把《おおざっぱ》な性格です。若い頃から親元を離れて生きていく人が多いようです。

♡辰巳天中殺 たつみてんちゅうさつ

辰年と巳年が年の天中殺で、毎年4月と5月が月の天中殺です。月の天中殺以外では、12月と1月は周囲の協力や支援を得にくく孤立しがちなので要注意です。この天中殺の人は、型にはまらず個性的で、いるだけで周囲に存在感をアピールできるタイプ。行動力は抜群で、苦境に立たされても乗り越えるたくましさを持っています。

♡午未天中殺 うまひつじてんちゅうさつ

午年と未年が年の天中殺で、毎年6月と7月が月の天中殺です。月の天中殺以外では、11月と12月は周囲の支援が得られないだけでなく、体調を崩しやすくなる時期。この天中殺の人は、冷静で情報収集が得意。先を見て行動する仕切り屋タイプが多いようです。困ったときには誰かが手を差し伸べてくれる運の強さを持っています。

♡申酉天中殺 さるとりてんちゅうさつ

申年と酉年が年の天中殺で、毎年8月と9月が月の天中殺です。月の天中殺以外では、社会からの支援や協力を得にくくなる4月と5月は言動に要注意。この天中殺の人は、ひとりで複数の役目をこなす働き者。でも、キャパを超えると右往左往することも。世の中の動きを素早くキャッチし、金運にも恵まれています。

♡戌亥天中殺 いぬいてんちゅうさつ

戌年と亥年が年の天中殺で、毎年10月と11月が月の天中殺です。月の天中殺以外では、毎年6月と7月はなんらかの環境の変化で悩むことが多くなる時期。この天中殺の人は、6つの天中殺の中で一番多くの試練に遭遇《そうぐう》します。でも、自力で道を開き、周囲のエネルギーを自分のパワーに変えていける強さを持っています。

COLUMN 2

~2024年のラッキー家事~

音が出るアイテムと家電の手入れを

三碧木星の象意のひとつは音です。2024年は音が出るものを常にきれいにすると、よい情報が入りやすくなります。楽器やドアベルなどはホコリを払い、水拭きできるものは水拭きを毎日の掃除に組み入れましょう。

電気や振動も三碧の象意。キッチンにあるフードプロセッサーやブレンダー、コーヒーメーカー、電子レンジも汚れを残さないようにきれいに掃除してください。テレビ、ヘッドホン、スマホなど音にかかわる電化製品もホコリを残さないようにしましょう。

第4章
一白水星の毎日の運気

2024年の運気

絶好調の運気からスタート

２０２４年は絶好調な運気にあたる頂上運からスタート。２月にいったん落ち込みますが、しっかりパワーをチャージすれば、10月の頂上運まで運気は上り調子。最強月の1月と10月はあなたにスポットライトがあたり、勝負運にも恵まれるでしょう。周囲があなたをサポートしてくれ、物事がスムーズに運びます。お世話になったらお礼の言葉をきちんと伝えてください。

4月は恋愛月で、素敵な出会いに恵まれそうです。おしゃれして出かけ、お花見などレジャーを思い切り楽しみましょう。仕事で一定の実績をあげることができるのは7月の結実運です。チームワークを大切にしながら取り組みましょう。気をつけたいのは2月と11月の停滞運。運気が不安定になり、気分も落ち込みがちです。ゆっくり休んで静かに過ごしましょう。

2024年の波動表

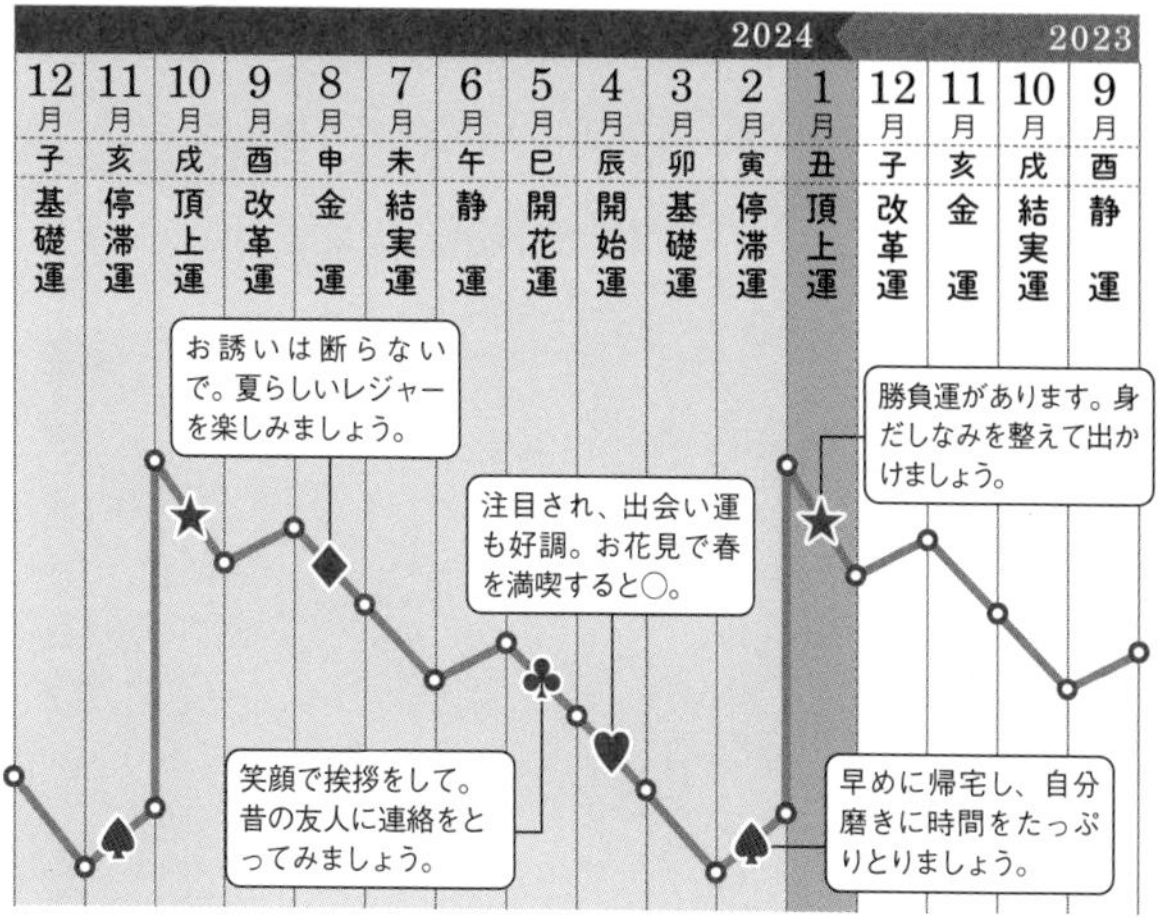

9つの運気

停滞運	芽吹きを待つといった冬眠期で、しっかり休んでエネルギーを充電したいリセット期。
基礎運	そろそろ活動しはじめることを考えて、足元をしっかり固めておきたい準備の時期。
開始運	種まきをするときで、物事のスタートを切るのに適している時期。
開花運	成長して花を咲かせるときなので、行動的になり、人との出会い運もアップします。
静　運	運気の波が安定するリセット期。外よりも家庭に目が向き、結婚に適した時期。
結実運	これまでの行動の成果が出るときで、社会的な地位が高まって仕事での活躍が光る時期。
金　運	努力が実を結ぶ収穫期で、金運に恵まれるとき。人付き合いも活発になります。
改革運	今一度自分と向き合いたい変革期。変化には逆らわず、身をまかせたいとき。
頂上運	運気の勢いが最高のとき。これまでの努力に対する結果が現れる、頂上の時期。

停滞運のときは金運にも恵まれないので、貯金を崩さないよう収支のバランスを心がけてください。また、2か月間続く月の天中殺は、争いごとは避け、受け身で過ごしましょう。

★ 強運、♠ 要注意、♥ 愛情運、◆ 金運、♣ 人間関係運

2023
September

9月

静運　2023.9.8 ～ 2023.10.7

静かに過ごし、プライベートを充実

❋ 受け身に徹し、プライベートの充実を

上昇していた運気がいったん止まるので、うまくいかないと感じる場面が増えそうです。前進は控え、エネルギーをチャージするとき。冷静になり、不用意な行動を起こさないようにしましょう。現状の把握《はあく》を心がけることが大切です。対人面では安定した関係を築けるよう、気持ちをコントロールしてください。今月はアグレッシブな言動は避け、トラブル回避に努めるのが正解。何事も腹八分目で満足し、謙虚な気持ちで静かに過ごすのが運気に合った過ごし方です。

仕事よりもプライベートに時間を割きたいとき。スケジュールを調整し、家で過ごす時間を多くとるようにしてください。不用品を片づけ、きれいになった部屋でゆったり過ごしましょう。

9月の吉方位	北東、南西
9月の凶方位	北、南、東、北西、南東

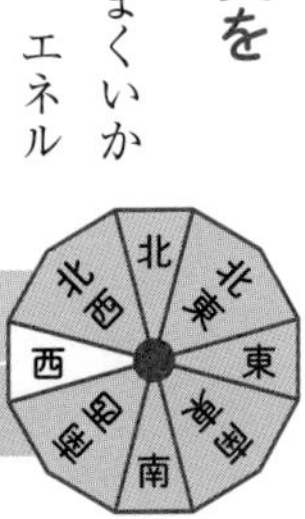

2023 October

10月

結実運 2023.10.8 ～ 2023.11.7

活気にあふれるとき。信頼関係を大切に

思い切った行動が成功への第一歩に

プラス思考になり、充実感にあふれるとき。集中力がアップし、新しい道を切り開くことができるでしょう。目標を高く設定し、それをやり遂げると大きな自信につながります。今月はリーダー役を引き受け、さまざまな交渉を進めてください。調子がいいと気が大きくなりますが、自己過信は敵をつくるきっかけになります。まわりの意見を取り入れながら物事を進め、チームワークを大切にするように。また、目上の人との信頼関係も大切にしましょう。礼儀正しい振舞いを心がけ、丁寧な仕事を心がけてください。

コミュニケーションが大切な2023年、サポートを受けたら「ありがとう」のひと言を。食事の席を設けたりプレゼントを贈るなど、感謝の気持ちを表現して。

10月の吉方位 東、北東、南西

10月の凶方位 北、南、西、北西、南東

金運　2023.11.8 〜 2023.12.6

2023 November

11月

交流を楽しむとき。思いやりを大切に

❋交友関係を広げ充実した時間を過ごす

交友関係が広がり、趣味やレジャーなどのお誘いが増えます。今まで接点のなかった人たちともつながりを持つと、チャンスにつながる人脈を築くことになります。今月は人付き合いを優先し、明るくフレンドリーな振舞いで、その場の雰囲気を盛り上げましょう。イベントやセミナーなど仕事関連の集まりにも積極的に参加してください。人付き合いを楽しむのはいいのですが、どんな人とも緊張感を持ったお付き合いを心がけ、無責任な振舞いで信用を落とさないように。親しい間柄でも言葉遣いには気をつけてください。

オンとオフの切り替えをしっかり行い、メリハリのある時間の使い方を。プライベートが充実しますが、仕事をおろそかにしてはいけません。

11月の吉方位　北、南

11月の凶方位　東、西、北東、北西、南西、南南東

2023 December

12月

改革運 2023.12.7 〜 2024.1.5

自分と向き合うとき。準備に集中して

流れに逆らわず受け身の姿勢をキープ

頑張りすぎないで、受け身の姿勢をキープしましょう。運気そのものは悪くないので、気持ちをリセットし、変化にうまく対応しながらやり過ごしてください。新しいことに取り組んでも成果にはつながりません。すべてを受け入れ、流れに逆らわないようにしましょう。忙しい師走ですが、スケジュールをうまく調整し、臨機応変に対応すること。選択を迫られたらリスクの低いほうを選んでください。イベントへの出席は優先順位をつけること。体力を過信し無理をすると、体調を崩してしまうので気をつけて。

大掃除は計画を立て、エリアで分けて少しずつ始めてください。きれいに片づいた部屋で、家族とゆっくり過ごし、新しい年を迎えましょう。

12月の吉方位　北

12月の凶方位　南、東、西、北東、北西、南西

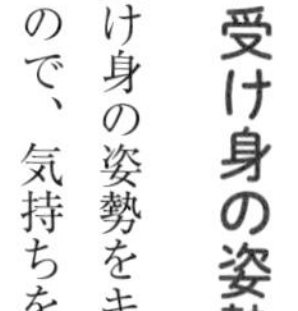

頂上運　2024.1.6 ～ 2024.2.3

開運3か条
- 映画を観る
- ネイルケアをする
- ヘアサロンへ行く

2024 January

1月

勇気を持ち、全力で前進を！

新しい1年は頂上運から始まります。パワー全開で、フレッシュな気持ちで前進しましょう。あなたのオーラが輝き、多くの注目を集めます。頑張れば頑張るほど、成果があがります。積極的な姿勢をキープすると、自然に向学心が芽生えてきそう。勉強もやった分だけ力がつき、成績アップの好サイクルに。

絶好調の運気だけに、あれもこれもと欲張りたくなりますが、まずはひとつのことにフォーカスしてください。達成感や成功体験が、あなたをさらに成長させます。思いがけないオファーを受けることもありますが、迷わずチャンスをつかみましょう。成果を実感したら、周囲に感謝を忘れないこと。思い上がりは運気をマイナス循環に変えてしまいます。

1月の吉方位	東、西南西
1月の凶方位	北、南、西、北東、北西、南東、南南西

子丑《ねうし》天中殺

この天中殺の人は要注意

上司や目上の人とのトラブルに注意してください。想像以上に解決に苦労しそう。信頼関係を維持する努力が必要です。また、交通事故にも要注意。車は丁寧に整備し、常に安全運転を心がけてください。

仕事運

あなたが努力してきたことが評価され、大きく前進できるとき。もともと行動力があるあなたには、昇進や昇給などのご褒美もありそうです。ただし、個人プレーに走ると、足元をすくわれるので気をつけて。周囲の意見を尊重し、真摯な態度で取り組みましょう。問題が生じたら上司に相談してください。

金運

社会的なポジションの高まりから金運も上昇します。交際費や身だしなみを整えるための費用は必要な経費。ただ、ブランド志向や見栄を張ったお付き合いなど、プラスとはいえない振舞いには気をつけ、収支のバランスをとるようにしてください。

愛情運

出会いと別れが交錯するとき。自分から動かなくても、いろいろなタイプの人とご縁ができそうです。さまざまな出会いに恵まれますが、目移りしてしまい、結果的に何も実らないということも。パートナーのいる人はあなたの隠しごとがバレて、ひと波乱あるかも。冷静になって話し合いましょう。

1月のおそうじ風水 ▶ **リビング。窓を磨いて太陽の光を入れて。**

日	六曜／天中殺 祝日・歳時記	毎日の過ごし方 ★強運日 ♠要注意日 ♥愛情運 ◆金運 ♣人間関係運	吉方位	ラッキーカラー
1 月	赤口／子丑 元日	家族とおせち料理を食べて。金箔入りのお酒もおすすめです。	西、北東、南西	クリーム色
2 火	先勝／子丑	♣新たな気持ちで取り組むこと。友人と初詣に出かけましょう。	北、南、西	青
3 水	友引／寅卯	年下の親戚や子どもの話に耳を傾けるといいことがありそう。	南、北東、北西	碧（深緑）
4 木	先負／寅卯	1年の計画を立てるのによい日。将来を見据えて物事を考えて。	西	山吹色
5 金	仏滅／辰巳	♠正月疲れで少し体調を崩しがち。朝の白湯でパワーアップを。	東、西、北西、南東	水色
6 土	大安／辰巳 小寒	★ぜいたくをしていい日。自分へのご褒美でブランド品を買っても。	東、南西	紫
7 日	赤口／午未	今日はおこもりデーにしましょう。七草粥を食べて開運。	北、南東	黄色
8 月	先勝／午未 成人の日	◆遊びモードから気持ちを切り替えると金運が上がります。	北、南、南東	赤
9 火	友引／申酉	助け合いでチャンス到来。積極的に仲間をサポートすると○。	東、北東、南西	銀色
10 水	先負／申酉	金のアクセサリーで邪気が祓《はら》えます。コーデのポイントに。	西、北東、南西	黄色
11 木	赤口／戌亥	会食のお誘いは迷わず参加を。新しい人脈ができそうです。	北、南、西	黄緑
12 金	先勝／戌亥	♥憧れの人から連絡があるかも。早めの返信を心がけて。	南、北東、北西	ワインレッド
13 土	友引／子丑	土を触ると元気が出そう。部屋のグリーンの植え替えをして。	西	黒
14 日	先負／子丑	朝はのんびり過ごしましょう。午後からは寒中見舞いに返事を。	東、西、北西、南東	紺色
15 月	仏滅／寅卯	気になる相手に話しかけて。一歩踏み出す勇気も大切です。	東、南西	紫

日	曜	六曜／干支	運勢	方位	色
16	火	大安／寅卯	ランチは手作りのお弁当を。出費はなるべくセーブすること。	北、南東	キャメル
17	水	赤口／辰巳	歯のセルフケアに気を配って。美しい口元が開運の鍵に。	北、南、南東	赤
18	木	先勝／辰巳 土用	上司や先輩をランチに誘いましょう。ポジティブになれます。	東、北東、南西	水色
19	金	友引／午未	つい反発したくなる日。家族や友だちの助言には逆らわないで。	西、北東、南西	クリーム色
20	土	先負／午未 大寒	畳のある部屋で過ごして。遠方から嬉しい知らせを聞けそう。	北、南、西	ペパーミントグリーン
21	日	仏滅／申酉	忙しく過ごすと運気ダウン。こたつでみかんを食べて。	南、北東、北西	茶色
22	月	大安／申酉	朝はベッドメイクしてから出かけて。気分転換になります。	西	黒
23	火	赤口／戌亥	現状維持を心がけて。食事はオーガニックフードがおすすめ。	東、西、北西、南東	水色
24	水	先勝／戌亥	太陽を浴びてパワーアップ。日中はしっかり働きましょう。	東、南西	ベージュ
25	木	友引／子丑	部屋にインテリア小物をプラスして。気分も明るく運気回復。	北、南東	金色
26	金	先負／子丑	心がざわつくので対人関係に注意。皮肉を言うのは禁物です。	北、南、南東	黄色
27	土	仏滅／寅卯	散歩をするならドッグランに行ってみて。犬モチーフも吉。	東、北東、南西	青
28	日	大安／寅卯	グラタンやチーズフォンデュなど、チーズ料理で福を招いて。	西、北東、南西	キャメル
29	月	赤口／辰巳	友人とのランチがおすすめ。笑顔を絶やさないように。	北、南、西	銀色
30	火	先勝／辰巳	♥ こまめにSNSをチェック。耳寄り情報を入手できそう。	南、北東、北西	碧（深緑）
31	水	友引／午未	忙しくても人間関係は大切です。丁寧な言葉遣いを意識して。	西	山吹色

＊祝日法の改正により、祝日や休日が一部変更になることがあります。

2024 February

2月

停滞運　2024.2.4 〜 2024.3.4

開運3か条
- 結露を拭く
- スープを飲む
- トイレに観葉植物を置く

内面の充実をはかり、チャンスに備える

前月から一転して運気はお休みモードに入ります。頑張ってきたぶん、エネルギーを使い切っている状態。ひとりで過ごす静かな時間を持ち、内面の充実を。読書や音楽・映画鑑賞などで感性に栄養を与えましょう。

なんとか期待に応えようと頑張っても、うまくいきません。それはあなたのせいではなく、運気が「頑張らなくていいとき」と教えてくれているのです。目の前の仕事をクリアすることだけに集中しましょう。趣味やスキルアップのための勉強をするにはいいときです。将来の夢に向けて実力をアップさせてください。

就寝前にはお気に入りの香りの入浴剤を入れて、のんびり入浴を。ホットパックなどで全身をあたためるのもおすすめ。パワーを補給することにつながります。

2月の吉方位	南東、北北西
2月の凶方位	北、南、北東、南西

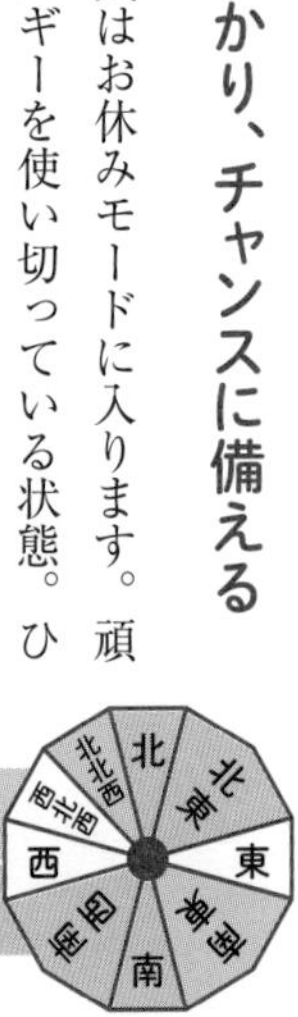

この天中殺の人は要注意

寅《とら》卯《う》天中殺

家族内でお墓や相続問題で誤解が生まれそう。特に母親やきょうだいには、誤解されないように丁寧な言葉で話し合うようにしてください。遅刻が大きなトラブルにつながるので注意しましょう。

仕事運

思うようにいかず、つい不満を口にしてしまいがち。ネガティブな言葉は運気を下げるので、余計なことは言わず、目の前のことだけに集中しましょう。新しいことに手を出すと、予想以上に苦労するので気をつけて。ルーティンワークも丁寧にこなし、周囲のサポートに徹しましょう。

金運

収支のバランスを崩さないことが大切。ストレス解消のためのネットショッピングや、大きな買い物は控えましょう。冷蔵庫内の食品を使い切り、なるべく自炊をして。自分を癒すためのエステや、資格取得のための出費などはＯＫです。

愛情運

気の進まない合コンや飲み会は断りましょう。人を見る目も鈍っているので、新しい出会いには慎重になること。特に、相手のペースに巻き込まれないよう気をつけて。家でゆっくり過ごし、自分磨きに時間を使ったほうがいいでしょう。パートナーがいる人は感謝の言葉を口にして、相手を思いやることを忘れずに。

2月のおそうじ風水 ▶ **トイレ。掃除をし、スリッパなどは洗濯を。**

日	曜	六曜／天中殺 祝日・歳時記	毎日の過ごし方 ★強運日 ♠要注意日 ♥愛情運 ◆金運 ♣人間関係運	吉方位	ラッキーカラー
1	木	先負／午未	気温が低くなり体力がダウン。睡眠時間はしっかりキープを。	東、西、北西、南東	水色
2	金	仏滅／申酉	気ぜわしく落ち着かないかも。焦らずゆっくり過ごすように。	東、南西	オレンジ
3	土	大安／申酉 節分	慎重な舵とりが大事。豆まきをして、邪気を祓いましょう。	北、南東	白
4	日	赤口／戌亥 立春	話題のレストランで食事を。気持ちが華やぎ、運気がアップ。	北、南、南東	赤
5	月	先勝／戌亥	いいアルバイトや副業がみつかりそう。迷わず飛び込んで。	東、北東、南西	銀色
6	火	友引／子丑	急な仕事や用事は断りましょう。家族と過ごす時間を大切に。	西、北東、南西	金色
7	水	先負／子丑	つらいことがあったら空を見上げて。飛行機を見ると開運。	北、南、西	青
8	木	仏滅／寅卯	なるべく丁寧な言葉遣いを心がけましょう。一目置かれます。	南、北東、北西	ワインレッド
9	金	大安／寅卯	エネルギーは低め。朝活で脳をフル回転させてから出社を。	西	キャメル
10	土	先勝／辰巳	ショッピングは衝動買いに注意。お財布がピンチになります。	東、西、北西、南東	黒
11	日	友引／辰巳 建国記念の日	日中は外出をするとラッキーです。映画館に足を運んでみて。	東、南西	紫
12	月	先負／午未 振替休日	テーブルに花を飾って。部屋の模様替えがツキを呼びます。	北、南東	黄色
13	火	仏滅／午未	ダイヤのピアスやネックレスを身につけるとチャンスが。	北、南、南東	赤
14	水	大安／申酉 バレンタインデー	本命へのバレンタインギフトはハイブランドを奮発すると吉。	東、北東、南西	白
15	木	赤口／申酉	ネイルやスキンケアなどはサステナブルなものに見直しを。	西、北東、南西	クリーム色

16 金	先勝／戌亥	♣ 会社帰りに友だちを誘って出かけて。会話の中にヒントが。	北、南、西	黄緑
17 土	友引／戌亥	大切なことを聞き逃さないよう、イヤホンの音量に注意して。	南、北東、北西	茶色
18 日	先負／子丑	部屋の掃除で心を整えましょう。床を丁寧に磨くと運気回復。	西	山吹色
19 月	仏滅／子丑 雨水	♠ 休日の出費を見直して。いつのまにか使いすぎているかも。	東、西、北西、南東	紺色
20 火	大安／寅卯	★ 契約など大きなチャレンジのタイミング。集中力を高めて。	東、南西	赤
21 水	赤口／寅卯	いくらがラッキー。寿司や海鮮丼で海のパワーを取り入れて。	北、南東	ピンク
22 木	先勝／辰巳	◆ エステや美容室など、きれいになる自己投資は惜しまずに。	北、南、南東	白
23 金	友引／辰巳 天皇誕生日	高層タワーなど景色のいい場所でリフレッシュしましょう。	東、北東、南西	銀色
24 土	先負／午未	生活習慣の見直しが大事。食事会や飲み会は割り勘で参加を。	西、北東、南西	金色
25 日	仏滅／午未	嫌なことがあったら携帯のアドレス帳を整理。楽になれます。	北、南、西	青
26 月	大安／申酉	♥ 部屋に花を飾ると恋愛運UP。チャンスならすぐ行動して。	南、北東、北西	ワインレッド
27 火	赤口／申酉	ランチはレストランの1階席がおすすめ。運気が回復します。	西	キャメル
28 水	先勝／戌亥	元気が出ない日。朝起きたら水を飲んでから動きましょう。	東、西、北西、南東	白
29 木	友引／戌亥	明暗が大きく分かれるかも。身だしなみを整えて外出を。	東、南西	赤

2024 March

3月

基礎運 2024.3.5 〜 2024.4.3

開運3か条
- 植物の種をまく
- 朝活をする
- 床を磨く

人を頼らず、人のために働く

少しずつ気持ちが前向きになり、先への見通しもついてきます。年度末で忙しくなりますが、すぐに結果を求めず周囲との協調性を第一に考えてください。縁の下の力持ちとして地道に努力するあなたを、陰で評価する人も出てきます。焦らず、ゆっくりと前進しましょう。

丁寧に生活することも運気を支えてくれます。起床したらベッドを整え、洗い物をすませてから外出すること。新しいレシピに挑戦したり、食器をコーディネートしたりして生活に潤いを与えるよう心がけましょう。

誰かを頼りたくなりますが、時間がかかっても自力でクリアする努力を。あえて厳しい道を選ぶと、今まで気づかなかった新たな可能性が見えてくるかもしれません。それも運気からのプレゼントです。

3月の吉方位	なし
3月の凶方位	北、南、東、西、北東、北西、南東、南西

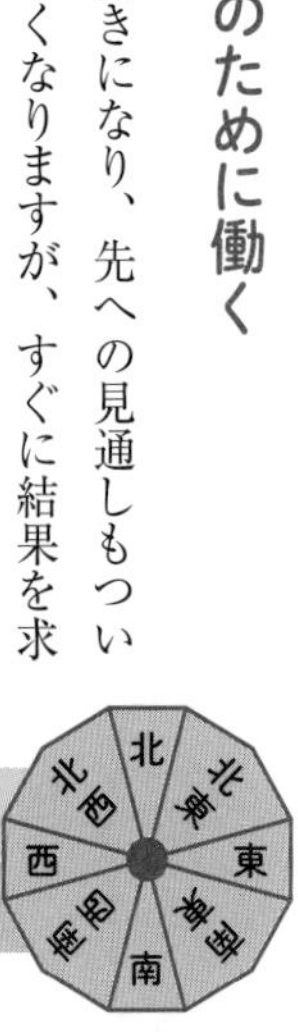

この天中殺の人は要注意

寅《とら》卯《う》天中殺

友人からの頼まれごとは安請け合いすると後々大変なのですぐには引き受けないこと。また、不動産の物件探しや契約を結ぶのは避けたほうが無難。噂話に加わると、信頼を失うことにつながります。

仕事運

やる気が出てきますが、守りに徹するほうがいいでしょう。与えられた課題をきちんとこなし、自分の評価を求めず、まわりの人をサポートしてください。チームワークを第一に考えて行動していると、思わぬ抜擢《ばってき》があるかもしれません。資格取得のための勉強など地道な努力を続けることで運気は安定していきます。

金運

※寅卯天中殺の人は新しい副業は控えて

収支のチェックをして改善点をみつけましょう。日々の支出を減らし、貯蓄を減らさないように。キャッシュレス決済もきちんと把握し、大きな買い物は控えてください。アルバイトなど副業を始めるといい運気。少しでも収入を増やしましょう。

愛情運

同僚や学生時代の仲間など身近にいる人と恋に発展するかもしれません。会社の上司など目上の人から運ばれるご縁もありそうです。ありのままのあなたを受け入れてくれる人なら、安定した関係を築けるでしょう。パートナーのいる人は現状維持を。穏やかな日々の中でゆっくりと愛を育みましょう。

3月のおそうじ風水 ▶ **ベランダ。床を掃除して排水溝もチェック。**

日	六曜／天中殺 祝日・歳時記	毎日の過ごし方 ★強運日 ♠要注意日 ♥愛情運 ◆金運 ♣人間関係運	吉方位	ラッキーカラー
1 金	先負／子丑	怪しい投資話が舞い込みそう。断る勇気を持ちましょう。	北、南東	ピンク
2 土	仏滅／子丑	食後はしっかり歯磨きしましょう。美しい口元が開運の鍵。	北、南、南東	黄色
3 日	大安／寅卯 桃の節句（ひな祭り）	桃の花を飾り、ちらし寿司を食べると気分が上がります。	東、北東、南西	銀色
4 月	赤口／寅卯	ヨーグルトなど乳製品を食事に取り入れると、運気が安定。	西、北東、南西	金色
5 火	先勝／辰巳 啓蟄	♣周囲の協力を得てチャンスに恵まれます。挨拶は元気に。	北、南、西	青
6 水	友引／辰巳	派手な行動は慎むように。落語を聞くと心が落ち着きます。	南、北東、北西	碧（深緑）
7 木	先負／午未	朝活を習慣にして。ルーティンワークも楽しくこなせます。	西	キャメル
8 金	仏滅／午未	♠クレジットやアプリ決済の使いすぎには注意しましょう。	東、西、北西、南東	白
9 土	大安／申酉	★有名人に出会えるチャンス。ナチュラルメイクで外出を。	東、南西	赤
10 日	友引／申酉	デザイン家具を取り入れると開運。お店に足を運んで。	北、南東	ピンク
11 月	先負／戌亥	通勤途中で聞いた若い女性の会話が仕事のヒントになりそう。	北、南、南東	黄色
12 火	仏滅／戌亥	朝ご飯をしっかり食べ、仕事の段取りをして。車での移動が○。	東、北東、南西	銀色
13 水	大安／子丑	生活習慣を見直しましょう。環境に配慮した商品を選んで。	西、北東、南西	クリーム色
14 木	赤口／子丑 ホワイトデー	思わぬ人からホワイトデーギフトが来そう。行き違いに注意。	北、南、西	黄緑
15 金	先勝／寅卯	♥春らしいファッションで注目の的に。恋を引き寄せます。	南、北東、北西	赤

16	土	友引／寅卯	小さな日用品の買い物にツキあり。運命の出会いがあるかも。	西	キャメル
17	日	先負／辰巳 彼岸入り	気持ちがざわつく日。不安になったらヨガなどで発散して。	東、西、北西、南東	黒
18	月	仏滅／辰巳	集中力がないので、少しパワーを抑えて挑戦は控えましょう。	東、南西	紫
19	火	大安／午未	長かった人間関係に変化が。抗わず身をまかせてOKです。	北、南東	黄色
20	水	赤口／午未 春分の日	◆買い物やグルメを思う存分楽しんで。人にご馳走するのも○。	北、南、南東	白
21	木	先勝／申酉	「社長」の肩書きを持つ人と話す機会が。気づきがあるかも。	東、北東、南西	青
22	金	友引／申酉	株やFXなど財テクによい日。セミナーに参加して情報収集を。	西、北東、南西	金色
23	土	先負／戌亥 彼岸明け	イメージが現実になりやすいかも。いい想像だけしましょう。	北、南、西	ペパーミントグリーン
24	日	仏滅／戌亥	きれいな花を写真に撮って、好きな人に送るといいことが。	南、北東、北西	茶色
25	月	大安／子丑	スカーフを使った知的なコーデで、仕事の評価もUPします。	西	キャメル
26	火	赤口／子丑	やることが盛りだくさん。焦らずひとつずつ片づけましょう。	東、西、北西、南東	紺色
27	水	先勝／寅卯	新年度に備え、おしゃれな文房具を探しにいくとラッキー。	東、南西	ベージュ
28	木	友引／寅卯	自宅や実家のリフォームを考えているなら、まずは相談して。	北、南東	ピンク
29	金	先負／辰巳	年度末で慌ただしいかも。対人関係では緊張感を保つこと。	北、南、南東	赤
30	土	仏滅／辰巳	つい欲張りになってしまいそう。何事もほどほどで満足を。	東、北東、南西	水色
31	日	大安／午未	動き回るのに向かない日。部屋の模様替えで気分転換して。	西、北東、南西	クリーム色

2024 April

4月

開始運 2024.4.4 〜 2024.5.4

開運3か条
- ニュースをチェックする
- ドアベルをつける
- 花を贈る

チャレンジが可能性を広げる

春風のように軽やかな運気です。興味があることには、どんどんチャレンジしましょう。出会いが増え、チャンスも舞い込んでくるはず。躊躇すると運気の波にのれません。フットワークを軽くして、新しい世界のドアを開けましょう。ただし、一度決めたら、最後までやり抜く覚悟は持ってください。勢いだけで行動すると失敗します。準備も怠らないことが大切です。

華やかな運気に惑わされ、派手な行動をとると失言しやすくなり信用を失うことに。丁寧な言葉を選び、ゆっくりと話すように心がけましょう。場を盛り上げようと冗談を言うと誤解を招く恐れも。ストレスを感じたら、新緑の並木道を、お気に入りの音楽を聴きながらウォーキングしましょう。

4月の吉方位	南、北東、北北西
4月の凶方位	北、東、西、南東、南西、西北西

この天中殺の人は要注意

辰巳《たつみ》天中殺

落雷に遭ったような衝撃的なことが起きそう。かなり体力を消耗するので、柑橘類でビタミンC補給を心がけてください。詐欺に遭いやすい運気になります。十分に注意してください。

仕事運 ※辰巳天中殺の人は新しい仕事は先にのばして

新しいプロジェクトへの参加など、活躍の場が広がります。あなたがあたためてきたアイデアが採用されるチャンスもありそうです。迷うとせっかくのチャンスを逃してしまうので、積極的にチャレンジを。ただし、おいしい話にはすぐに飛びつかないこと。年下の人との交流を大切にすると、スムーズに運びます。

金運

仕事の付き合いで食事や手土産など交際費が増えますが、金運はスムーズです。ネットショッピングにツキがあるので、欲しいものがあるならチェックを。情報のアンテナを常に張り、良質な財テク情報をキャッチできるようにしてください。

愛情運 ※辰巳天中殺の人の出会いは7月に期待して

出会いのチャンスに恵まれます。自分から動くことで幸運を招くので、気になる人には積極的にアプローチしてOK。音楽や本の話題を振ってみましょう。パートナーがいる人は地に足がついたお付き合いを続けてください。あなたの八方美人な振舞いで誤解されないよう気をつけて。

4月のおそうじ風水 ▸ **スマートフォン。画面をピカピカに磨いて。**

日	曜	六曜／天中殺 祝日・歳時記	毎日の過ごし方 ★強運日 ♠要注意日 ♥愛情運 ◆金運 ♣人間関係運	吉方位	ラッキーカラー
1	月	赤口／午未	ネットワークを生かすと新たなチャンス到来。目的達成かも。	北、南、西	銀色
2	火	先勝／申酉	新生活の疲れはマリネやビネガードリンクが癒してくれます。	南、北東、北西	ワインレッド
3	水	友引／申酉	公園を散歩すると気分転換になりそう。会社帰りに寄り道を。	西	山吹色
4	木	先負／戌亥 清明	余力はないので静かに過ごすこと。おうち時間を充実させて。	東、西、北西、南東	黒
5	金	仏滅／戌亥	ちょっとしたことが争いの火種に。ストレスはためないで。	東、南西	ベージュ
6	土	大安／子丑	迷っているなら、高台に登ってみて。気持ちが落ち着きます。	北、南東	黄色
7	日	赤口／子丑	新しいスタートを切る人にお祝いを。食事をご馳走すると◯。	北、南、南東	金色
8	月	先勝／寅卯	パソコンまわりの整理を。周囲のミスも笑顔で流せる余裕が。	東、北東、南西	青
9	火	先負／寅卯	自分本位で物事を進めると敵をつくります。手作り弁当が吉。	西、北東、南西	キャメル
10	水	仏滅／辰巳	新しい出会いは注意が必要です。トラブルの種になるかも。	北、南、西	ペパーミントグリーン
11	木	大安／辰巳	♥ 初めての場ではゆっくりとした話し方をすると、モテ期到来。	南、北東、北西	碧（深緑）
12	金	赤口／午未	計画は一進一退。ベッドメイキングをしてから出かけて。	西	山吹色
13	土	先勝／午未	新しいことはしないほうがいい日。冷蔵庫の中の整理整頓を。	東、西、北西、南東	白
14	日	友引／申酉	爪先をきれいにすると吉。ネイルサロンでお手入れをして。	東、南西	オレンジ
15	月	先負／申酉	心がざわつきそう。写経や座禅などお寺のイベントがおすすめ。	北、南東	ピンク

16	火	仏滅／戌亥 土用		少額でもお金の貸し借りは避けて。信用を失いそうです。	北、南、南東	白
17	水	大安／戌亥		忙しくても気力は充実。先のばしせずどんどん進めましょう。	東、北東、南西	銀色
18	木	赤口／子丑		パートナーや家族とのケンカは相手を尊重し、討論しないこと。	西、北東、南西	黄色
19	金	先勝／子丑 穀雨	♣	仕事もプライベートも、昔からのお付き合いが実を結びます。	北、南、西	黄緑
20	土	友引／寅卯		失言に注意。オルゴールの音源をダウンロードして冷静に。	南、北東、北西	赤
21	日	先負／寅卯		土に触ると運気の貯金になります。ガーデニングを始めても。	西	山吹色
22	月	仏滅／辰巳	♠	気分が落ち込む出来事が起きそう。今日は控えめに過ごして。	東、西、北西、南東	紺色
23	火	大安／辰巳	★	仕事に役立つ勉強を始めると大きなステップアップが望めます。	東、南西	ベージュ
24	水	赤口／午未		親に電話しましょう。いいニュースや理想の展開があるかも。	北、南東	キャメル
25	木	先勝／午未	◆	外出先でも食後に歯磨きをすると、金運を引き寄せます。	北、南、南東	金色
26	金	友引／申酉		何事も段取りを決めてから動いて。朝食はしっかり摂ること。	東、北東、南西	白
27	土	先負／申酉		買い物に向かない日。夕食は冷蔵庫にあるもので用意して。	西、北東、南西	クリーム色
28	日	仏滅／戌亥		ヘアスタイルを変えると、ブルーな気分も一気に吹き飛びます。	北、南、西	ペパーミントグリーン
29	月	大安／戌亥 昭和の日	♥	推し活などの趣味に課金すると、思わぬラッキーが訪れそう。	南、北東、北西	ワインレッド
30	火	赤口／子丑		連休のはざまで仕事が中断しがち。ひとつずつ丁寧に片づけて。	西	山吹色

2024 May

5月

開花運 2024.5.5 〜 2024.6.4

開運3か条
- 笑顔を忘れない
- 玄関に花を飾る
- 釜揚げうどんを食べる

人脈がチャンスを運んできます

あなたに集まってくる情報の真偽を確かめて、上手に利用してください。周囲の理解を得て、物事がスムーズに進むでしょう。新旧の知人、友人たちがチャンスを運んできます。こまめに連絡をとり、交流を深めてください。大切なのは相手の立場に立って物事を考えること。柔軟な対応ができるあなたですから、周囲から高い信頼を得ることができるでしょう。

あなたの財産となる人との出会いがある一方で、あまりよくない縁も近寄ってきます。安請け合いはしないように注意してください。

玄関や出入口に余分なものを置いたままにすると、大切な情報が入って来なくなります。常に整理整頓をして、よい気を呼び込みましょう。

5月の吉方位	北、南
5月の凶方位	東、北東、北西、南東、南西

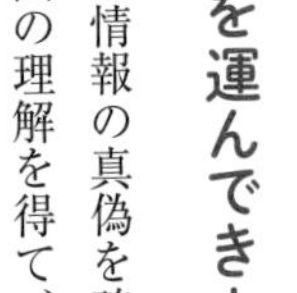

この天中殺の人は要注意

辰《たつ》巳《み》天中殺

油断が大きなミスにつながります。どんなことも手を抜かず、ダブルチェックを忘れないように。頑固になると、身動きがとれなくなります。相談ごとは実母か、子どもを持つ女性の友人に。

仕事運

これまで努力してきたことが評価され、責任のある仕事をまかされるかもしれません。心強い助っ人も現れ、面倒な案件も問題なく片づくでしょう。人付き合いが上手で、協調性があるあなたですから、チームをうまくまとめることができるはず。多くの人と交流することで、さらにいい運気がもたらされます。

金運

交際費は増えますが、金運はスムーズです。買い物運があるので欲しかったものが手に入るかもしれません。ただし、見栄を張ったお金の使い方はしないこと。また、出会ったばかりの人からのおいしい話には耳を傾けないようにしましょう。

愛情運

※辰巳天中殺の人は新しい出会いは先にのばして

イベントや会食などに出席し、ネットワークを広げましょう。この時期に始まった交際は順調に進みやすいので、積極的に出かけて。まわりの人にアピールしておくと、良縁につながる可能性が高くなります。パートナーがいる人は飛行機での旅行や空港デートがおすすめ。次のステップに進みましょう。

5月のおそうじ風水 ▶ **玄関。三和土《たたき》を念入りに拭き、お香を焚いて。**

日	六曜／天中殺 祝日・歳時記	毎日の過ごし方	吉方位	ラッキーカラー
1 水	先勝／子丑 八十八夜	朝起きたら水を飲んで。気持ちよく1日をスタートできます。	東、西、北西、南東	水色
2 木	友引／寅卯	明暗が分かれます。作業は集中力を切らさず終わらせましょう。	東、南西	紫
3 金	先負／寅卯 憲法記念日	ハイキングにいって自然を満喫しましょう。冷静になれます。	北、南東	ピンク
4 土	仏滅／辰巳 みどりの日	旅先での娯楽にお金を使ってもいい日。楽しむことが金運を刺激。	北、南、南東	金色
5 日	大安／辰巳 こどもの日 立夏	ドライブがおすすめ。道の駅でちまきや柏餅を探してみて。	東、北東、南西	白
6 月	赤口／午未 振替休日	連休の出費を計算して、予算オーバーなら、家で静かに過ごして。	西、北東、南西	黄色
7 火	先勝／午未	♣人付き合いが幸せを引き寄せます。ランチかディナーでパスタを。	北、南、西	黄緑
8 水	仏滅／申酉	上司の意見や説明をしっかり聞くとあなたの株が上がります。	南、北東、北西	茶色
9 木	大安／申酉	疲れをためすぎないように息抜きを。飲み会に参加すると○。	西	黒
10 金	赤口／戌亥	友だちの愚痴《ぐち》が爆発の予感。ひたすら聞き役に徹してあげて。	東、西、北西、南東	紺色
11 土	先勝／戌亥	★懸賞やキャンペーンの大物賞品をねらえる日。運試しに挑戦を。	東、南西	ベージュ
12 日	友引／子丑 母の日	母親にギフトを贈って。義母や母親的存在の人にも忘れずに。	北、南東	キャメル
13 月	先負／子丑	現金がないからとキャッシュレス決済に頼りすぎては危険です。	北、南、南東	赤
14 火	仏滅／寅卯	シルバーのカトラリーが開運アイテム。高級ランチで使って。	東、北東、南西	銀色
15 水	大安／寅卯	日頃の感謝と尊敬を伝えて、先輩や上司をねぎらいましょう。	西、北東、南西	クリーム色

★強運日　♠要注意日　♥愛情運　◆金運　♣人間関係運

16	木	赤口／辰巳	大風呂敷を広げないこと。疲れを感じたらハーブティーを。	北、南、西	青
17	金	先勝／辰巳	♥ さわやかなコーデが出会いを引き寄せます。花モチーフも◯。	南、北東、北西	碧（深緑）
18	土	友引／午未	ボランティアに参加するといい日。先の見通しがつきます。	西	山吹色
19	日	先負／午未	♠ スローテンポで過ごして。寝る前に翌日の服を用意すること。	東、西、北西、南東	水色
20	月	仏滅／申酉 小満	全力投球してOKですが、大切なことは日中にすませましょう。	東、南西	赤
21	火	大安／申酉	財テクのスタートに向く日。投資アプリの比較を始めても◎。	北、南東	白
22	水	赤口／戌亥	◆ 笑顔が金運アップのポイント。歯を見せてにっこり微笑んで。	北、南、南東	金色
23	木	先勝／戌亥	ハイブランドで名刺入れを新調すると、仕事の幅が広がります。	東、北東、南西	水色
24	金	友引／子丑	部屋の真ん中に座って、エネルギーをチャージしましょう。	西、北東、南西	キャメル
25	土	先負／子丑	シューズクロークは見えないよう目隠しを。運が舞い込みます。	北、南、西	ペパーミントグリーン
26	日	仏滅／寅卯	コンサートやピアノバーが恋の開運スポット。音を楽しんで。	南、北東、北西	ワインレッド
27	月	大安／寅卯	何でも地固めが重要。丁寧な言葉遣いで周囲を納得させて。	西	黒
28	火	赤口／辰巳	運気は低迷。プレゼンや発言はなるべく別の日にしましょう。	東、西、北西、南東	白
29	水	先勝／辰巳	★ オープンエアのカフェや公園でランチをとるとラッキー。	東、南西	オレンジ
30	木	友引／午未	流れに逆らわないで。テーブルを拭くと開運アクションに。	北、南東	ピンク
31	金	先負／午未	上質な輝きが吉。プラチナのアクセサリーがツキを呼びます。	北、南、南東	黄色

2024 June

6月

静運 2024.6.5 ～ 2024.7.5

開運3か条
- ヨーグルトを食べる
- ゴールドを身につける
- 部屋の模様替えをする

ゆっくり過ごして生活習慣の見直しを

上り調子だった運気がいったん安定し、そのギャップに閉塞感を抱くかもしれません。順調に進んでいたことが急にうまくいかなくなったり、頑張っても成果があがらなかったり。イライラしても始まらないので受け身で過ごして。あなたの行動を省エネモードにして対応するようにしましょう。つい愚痴を言いたくなる気持ちはわかりますが、ネガティブな言葉を口にすると運気を下げてしまいます。上昇運気にのるための準備期間と考え、心を落ち着けて冷静になってください。穏やかな気持ちで過ごすことが開運の鍵といえます。

食事や睡眠、運動など生活習慣を見直すのに最適なときです。特に梅雨時は体調を崩しやすいので、早めに帰宅してゆっくりと過ごすようにしてください。

6月の吉方位	北東、南西
6月の凶方位	北、南、東、北西、南東

この天中殺の人は要注意

午未天中殺《うまひつじ》

子どもや部下に関するアクシデントが起きそう。助けを求めても、応えてくれる人は少ないかもしれません。思い込みで行動すると、周囲の信頼を失うことになります。静かに過ごすように努めて。

仕事運

不用意に動くと八方塞《ふさ》がりになります。新しいことには手を広げず、謙虚な気持ちで過ごしましょう。同僚と意見が対立したら、戦わず、丸く収める努力を。デスクまわりをきれいに片づけ、気分転換をするといいでしょう。仕事が終わったら寄り道せずに帰宅し、家族と過ごす時間を大切にしてください。

金運

予定通りに行動することが、無駄な出費を抑えることにつながります。急なお誘いはなるべく断ること。見栄を張って誰かにご馳走するのも控えてください。日々の買い物も冷蔵庫をチェックしてからにして、財布の紐《ひも》は固く締めておきましょう。

愛情運

外に出かけるよりも家でじっくり自分磨きに励みたいとき。新しい出会いは期待できないので、家族や気の合う友人と穏やかな時間を過ごしましょう。パートナーがいる人は安定した関係を築きやすいときです。おうちご飯を味わい、ふたりの時間を楽しみましょう。恋人同士なら結婚話が持ち上がるかもしれません。

6月のおそうじ風水 ▶ **キッチンのゴミ箱。外側やふたの裏もきれいに。**

日	六曜／天中殺 祝日・歳時記	毎日の過ごし方	吉方位	ラッキーカラー
1 土	仏滅／申酉	アウトレットがラッキー。価格より品質を重視した買い物を。	東、北東、南西	青
2 日	大安／申酉	外出は控えて。常備菜を作って冷蔵庫にストックすると○。	西、北東、南西	金色
3 月	赤口／戌亥	玄関に鏡があれば磨きましょう。心強い助っ人が現れます。	北、南、西	銀色
4 火	先勝／戌亥	♥レモンスカッシュのさわやかさが、素敵な恋を届けてくれそう。	南、北東、北西	茶色
5 水	友引／子丑 芒種	パワーは低め。目標を小さく設定し、達成感を味わいましょう。	西	山吹色
6 木	大安／子丑	割り勘はきちんと。持ち合わせがなければアプリ決済でもOK。	東、西、北西、南東	紺色
7 金	赤口／寅卯	★ラッキーが重なりそう。友だちにも幸運のおすそ分けをして。	東、南西	ベージュ
8 土	先勝／寅卯	人気のバーガーショップに行って100%ビーフを味わうと吉。	北、南東	キャメル
9 日	友引／辰巳	予定のダブルブッキングに注意。友だちの信用をなくします。	北、南、南東	金色
10 月	先負／辰巳 入梅	デスクまわりを片づけて。昼食は繁華街の寿司店がおすすめ。	東、北東、南西	銀色
11 火	仏滅／午未	何事も腹八分目でOK。観葉植物は水をやりすぎないように。	西、北東、南西	クリーム色
12 水	大安／午未	♣噂話や人の悪口はスルー。同僚や後輩から人望が集まります。	北、南、西	ペパーミントグリーン
13 木	赤口／申酉	ネットショップでいい物がみつかりそう。即買いしてOKです。	南、北東、北西	ワインレッド
14 金	先勝／申酉	朝活で仕事のスキルを上げましょう。評価を求めないこと。	西	山吹色
15 土	友引／戌亥	♠外出せずひとりの時間を楽しんで。冷蔵庫の整理で運気回復。	東、西、北西、南東	黒

★強運日 ♠要注意日 ♥愛情運 ◆金運 ♣人間関係運

16	日	先負／戌亥 父の日	父の日ギフトはハイブランドを選ぶと◯。運気が上がります。	東、南西	赤
17	月	仏滅／子丑	疲れやすいので、残業やオーバーワークは避けてください。	北、南東	ピンク
18	火	大安／子丑	◆仲のいい友だちにちょっとした贈り物をすると金運がUP。	北、南、南東	黄色
19	水	赤口／寅卯	心のゆとりが大事。困っている外国人がいたら手助けして。	東、北東、南西	白
20	木	先勝／寅卯	仕事もプライベートも売り込みすぎると失敗。冷静さが大事。	西、北東、南西	金色
21	金	友引／辰巳 夏至	浴衣や下駄など夏祭りの準備を。物事がスムーズに進みます。	北、南、西	青
22	土	先負／辰巳	自己主張はほどほどに。今日会う人には手土産を買って。	南、北東、北西	赤
23	日	仏滅／午未	背伸びせず余裕を持つこと。公園でピクニックを楽しんで。	西	クリーム色
24	月	大安／午未	エネルギーは低め。ピカピカに磨いた靴で足元から元気に。	東、西、北西、南東	紺色
25	火	赤口／申酉	★大きな仕事や役目に抜擢されるかも。笑顔で引き受けて。	東、南西	オレンジ
26	水	先勝／申酉	分岐点になる日。スケジュールを調整し、慎重に舵取りを。	北、南東	金色
27	木	友引／戌亥	友だちと行動するとラッキー。ランチやお茶に誘いましょう。	北、南、南東	白
28	金	先負／戌亥	身の丈に合った計画を。メロンのデザートを食べると◯。	東、北東、南西	銀色
29	土	仏滅／子丑	家中の時計のメンテナンスを。難を逃れることができます。	東、北東、南西	青
30	日	大安／子丑	◆話題のレストランなどに行って、プチぜいたくが開運の鍵に。	北、南、南東	赤

2024 July

7月

結実運 2024.7.6 ～ 2024.8.6

開運3か条
- 帽子のおしゃれを楽しむ
- 博物館へ行く
- メロンを食べる

運気は好転、心にゆとりを持って

心躍るような夏への期待感とともに、運気は再び上昇します。公私ともに全力で前進していいとき。さまざまなことにチャレンジして実力を試してみるのもいいでしょう。目標達成のための必須条件が、周囲からのサポートです。調子がいいので、ついついアクセルを踏みがち。安全な速度で周囲を見渡しながら走るように心がけてください。サポートを受けたら、きちんと感謝の言葉を伝えましょう。それがあなたの評価を上げ、スキルアップや昇進につながります。また理想とする経営者とも出会えそう。真摯な振舞いを心がけ、できるだけ多くのことを吸収しましょう。

協調性があるあなた、その長所を発揮して運気の波にのってください。

7月の吉方位	南西、東北東
7月の凶方位	北、南、西、北西、南東、北北東

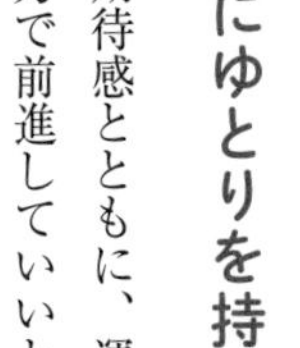

この天中殺の人は要注意

午《うま》未《ひつじ》天中殺

思いもよらない事態に慌てそうです。状況は静かに受け入れるしかありません。契約書や委任状の記入は、他の人のチェックを受けること。不満を口にするとさらに運気が下がるので注意してください。

仕事運 ※午未天中殺の人は頑張りすぎないように

仕事運は絶好調。持ち前の行動力を発揮し、さまざまな案件に着手しましょう。チームワークを大切にして段取りよく進めてください。ただし、上昇志向をむき出しにした態度は反感をかってしまいます。先輩の話は素直に聞き、電話応対も丁寧にすること。謙虚な態度をキープすることが運気を守ります。

金運

仕事への取り組み方が金運に直結します。交際費がかさみますが、円満な人間関係に必要なものであれば惜しみなく出して。高価なものに目がいきますが、品質重視で選ぶと運気がアップします。将来に向けたマネープランを描いておきましょう。

愛情運

仕事での活躍が注目され、モテ度もアップします。人が集まる場所では光り輝く上質なアクセサリーを身につけると、あなたの魅力がアップします。パートナーがいる人はどんなに忙しくても、相手への思いやりを忘れないよう心がけましょう。仕事を理由にデートの約束を破っていると、関係がギクシャクしてしまいます。

7月のおそうじ風水 ▶ **仕事部屋。余分な物を処分し、机を拭く。**

日	曜	六曜／天中殺 祝日・歳時記	毎日の過ごし方 ★強運日 ♠要注意日 ♥愛情運 ◆金運 ♣人間関係運	吉方位	ラッキーカラー
1	月	赤口／寅卯 半夏生	気がのらないなら断って。トラブルの芽は早めに摘むこと。	北、南東	キャメル
2	火	先勝／寅卯	よくも悪くも予想外の展開に。冷静な行動をすべき日です。	東、南西	オレンジ
3	水	友引／辰巳	悩みがあるなら、漫画でも雑誌でも読書で道が拓けます。	東、西、北西、南東	白
4	木	先負／辰巳	いろいろな仕事が舞い込みそう。欲張らず堅実になること。	西	黒
5	金	仏滅／午未	落語を聴きに寄席にいきましょう。ひらめきがあります。	南、北東、北西	茶色
6	土	赤口／午未 小暑	♣玄関をきれいに整理整頓して。嫌な人間関係も整理できます。	北、南、西	黄緑
7	日	先勝／申酉 七夕	笹に願いごとを託し、家族と七夕そうめんを食べましょう。	西、北東、南西	黄色
8	月	友引／申酉	ワンコ動画が癒しに。飼い犬がいれば長時間の散歩をして。	東、北東、南西	水色
9	火	先負／戌亥	マタニティーマークの女性には、席を譲るなどやさしく接して。	北、南、南東	白
10	水	仏滅／戌亥	予定が立て込みがち。うまく調整してミスを回避しましょう。	北、南東	ピンク
11	木	大安／子丑	★フェミニンな装いで颯爽と出かけましょう。幸運を呼びます。	東、南西	ベージュ
12	金	赤口／子丑	出費をセーブすること。手作り弁当や手料理で外食を避けて。	東、西、北西、南東	紺色
13	土	先勝／寅卯	地平線が見える場所が吉。農業体験なども心が休まります。	西	クリーム色
14	日	友引／寅卯	楽器を趣味にするのもいいかも。まずは情報を集めましょう。	南、北東、北西	碧（深緑）
15	月	先負／辰巳 海の日	飛行機を手配するのに適した日。旅の出会い運が上がります。	北、南、西	ペパーミントグリーン

日	曜日	六曜／干支	運気	方位	色
16	火	仏滅／辰巳	噂に巻き込まれて落ち着かないかも。不用意に動かないこと。	西、北東、南西	金色
17	水	大安／午未	上司から持ちかけられた話は真剣に聞き、本音で答えましょう。	東、北東、南西	銀色
18	木	赤口／午未	◆濃いめリップなど口元を目立たせたメイクが開運ポイントに。	北、南、南東	白
19	金	先勝／申酉 土用	外食は断って自炊を。人間関係の変化に柔軟になれます。	北、南東	キャメル
20	土	友引／申酉	積極的に動いてOKですが集中が大事。窓はピカピカに磨いて。	東、南西	赤
21	日	先負／戌亥	♠ケガの要注意日。家の中でもつまずかないよう、足元に注意。	東、西、北西、南東	黒
22	月	仏滅／戌亥 大暑	体力と気力が落ちるかも。夕食にはビーンズサラダを食べて。	西	山吹色
23	火	大安／子丑	♥年下の人が接近してきそう。飾らず自然体の自分でいて。	南、北東、北西	赤
24	水	赤口／子丑	♣報連相を徹底しましょう。帰りにサウナで心身を整えると○。	北、南、西	青
25	木	先勝／寅卯	デパ地下のタイムセールなど残り物に福が。欲張らないこと。	西、北東、南西	黄色
26	金	友引／寅卯	シルバーのアクセサリーが幸運を招きます。使用後は磨いて。	東、北東、南西	白
27	土	先負／辰巳	人が喜ぶことにお金を使うと、大きく育って返ってきます。	北、南、南東	赤
28	日	仏滅／辰巳	周囲の流れに逆らわないで。不動産情報を集めるといい日。	北、南東	金色
29	月	大安／午未	★ラッキーデー。メイク直しをマメにすると、さらに運気UP。	東、南西	紫
30	火	赤口／午未	お盆休みの旅行計画を練って。出費はきちんと把握すること。	東、西、北西、南東	水色
31	水	先勝／申酉	朝ヨガで1日が気分よく過ごせます。床に座るだけでもOK。	西	黒

金運　2024.8.7～2024.9.6

開運3か条
- デンタルケアをする
- 花を飾る
- プレゼントをする

人脈を広げ、幸運を引き寄せる

友人や仲間たちと旅行やグルメ、レジャーなど夏を大いに満喫しましょう。明るい笑顔とポジティブな会話で、あなたのまわりには自然と人が集まり、いろいろなお誘いも増えそう。金運は人脈が運んでくるもの。可能な限り参加して、チャンスを生かしネットワークを広げてください。心弾むことが目白押しになりますが、仕事をおろそかにしてはいけません。きちんとオンとオフの切り替えをして、バランスのいい生活を心がけてください。また、少女たちの会話やファッションに思いがけないヒントが隠れています。アイデアの参考にしましょう。

人との交流が多いぶん、トラブルが起こるリスクも高まりそう。誠実さを忘れず、無責任な言動をとらないように十分に注意してください。

8月の吉方位	北、南、南東
8月の凶方位	東、西、北東、北西、南西

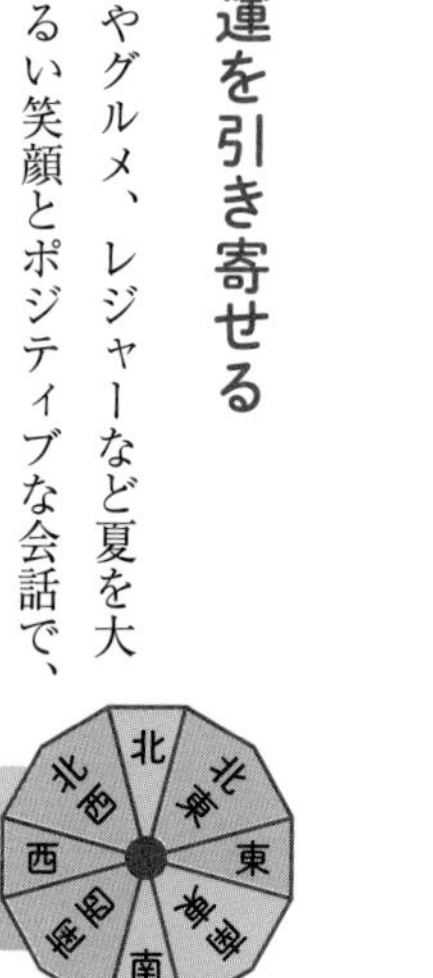

この天中殺の人は要注意

申《さる》酉《とり》天中殺

マイペースを心がけ、周囲に引きずられないようにしましょう。新しいことに手を出さず、リスクをとらないこと。家や土地にかかわる話には慎重に対応することが重要です。熱中症に注意してください。

仕事運

プライベートを楽しんでいいときですが、仕事はまじめに取り組むこと。どのような仕事もいつも以上に気を引き締め、ダブルチェックをするなど対策をしてください。また、気が大きくなり、他人にプレッシャーをかけることが増えそう。言葉遣いに気をつけ、節度ある態度で接するようにしましょう。

金運

夏のバカンスやイベントなど出かける機会が増えますが、出費はあまり気にしないこと。人のためにお金を使うといい運気。収支のバランスを心がけながら計画的に使いましょう。また、おしゃれや身だしなみにかかる費用も、惜しみなく出してOKです。

愛情運

たくさんの出会いが待っている華やかな運気です。お誘いが増えて浮き足立ってしまう人もいそうですが、軽率な行動をとらないように。真摯な態度で相手の人格を見極めるようにしましょう。パートナーのいる人は甘い誘惑に気をつけてください。プレゼントを買ったりご馳走したり、ふたりの時間を演出してみて。

8月のおそうじ風水 ▶ **ジュエリー。お手入れをして、見せる収納を。**

日	六曜／天中殺 祝日・歳時記	毎日の過ごし方 ★強運日 ♠要注意日 ♥愛情運 ◆金運 ♣人間関係運	吉方位	ラッキーカラー
1 木	友引／申酉	友だちと食事にいくなら事前に情報を調べてからにしましょう。	南、北東、北西	ワインレッド
2 金	先負／戌亥	気球や飛行機の写真を飾りましょう。人間関係がスムーズに。	北、南、西	銀色
3 土	仏滅／戌亥	外出先では日陰で休むこと。虫よけスプレーを忘れないで。	西、北東、南西	黄色
4 日	先勝／子丑	自信過剰になりがち。ゲームアプリでも課金のしすぎに注意。	東、北東、南西	青
5 月	友引／子丑	日常に華やぎをプラスすると運気上昇。ダイヤのアクセが○。	北、南、南東	白
6 火	先負／寅卯	慌てずじっくり取り組んで。眺めのいいカフェでひと休みを。	北、南東	黄色
7 水	仏滅／寅卯 立秋	既成概念にとらわれず自由に行動。ステップアップできます。	東、南西	オレンジ
8 木	大安／辰巳	オーガニックフードが開運の鍵に。野菜から取り入れてみて。	東、西、北西、南東	紺色
9 金	赤口／辰巳	心強い助っ人が現れてクリアできそう。地道な努力が大事。	西	黒
10 土	先勝／午未	♥デートは朝から約束すると○。涼しげな服装がラッキー。	南、北東、北西	赤
11 日	友引／午未 山の日	おいしいうどんを食べる小旅行がおすすめ。友だちと出かけて。	北、南、西	ペパーミントグリーン
12 月	先負／申酉 振替休日	不用意な行動はＮＧ。お盆に入る前にお墓にまつわる相談を。	西、北東、南西	金色
13 火	仏滅／申酉 お盆(〜8／16)	欲が出ますが考えて行動を。目上の人の話は素直に聞くこと。	東、北東、南西	白
14 水	大安／戌亥	◆同窓会に参加すると素敵な出会いが。楽しむことで運気上昇。	北、南、南東	赤
15 木	赤口／戌亥	新しい業務にとまどいそう。慣れることから始めましょう。	北、南東	キャメル

16	金	先勝／子丑	★	ひまわりを飾ったり、ひまわり柄の服を着ると運気アップ。	東、南西	ベージュ
17	土	友引／子丑	♠	効きすぎのエアコンで体が冷えがち。あたたかい飲み物を。	東、西、北西、南東	水色
18	日	先負／寅卯		評価は気にしないで。きちんとパジャマを着て寝ること。	西	山吹色
19	月	仏滅／寅卯		優柔不断になりやすいかも。出遅れる前に早めに動きましょう。	南、北東、北西	茶色
20	火	大安／辰巳	♣	ラッキーアイテムは扇子。小ぶりなものをバッグに忍ばせて。	北、南、西	銀色
21	水	赤口／辰巳		静かに過ごして。出費も控えて昼は手作り弁当、夜は自炊を。	西、北東、南西	黄色
22	木	先勝／午未 処暑		自己投資していい日。秋物の服やコスメを買いましょう。	東、北東、南西	白
23	金	友引／午未		お盆休みの胃腸の疲れが出てきそう。飲み会はほどほどに。	北、南、南東	赤
24	土	先負／申酉		山の写真や動画に癒されます。待ち受け画面にしても効果大。	北、南東	ピンク
25	日	仏滅／申酉		ドライブで海に行くと吉。パートナーと海辺を散歩して。	東、南西	紫
26	月	大安／戌亥		新しいことには着手しないで。自分磨きに力を入れましょう。	東、西、北西、南東	黒
27	火	赤口／戌亥		ビアガーデンがラッキースポット。枝豆は必ずオーダーして。	西	山吹色
28	水	先勝／子丑	♥	新しい趣味の集まりで人脈を広げて。良縁に恵まれます。	南、北東、北西	碧（深緑）
29	木	友引／子丑		チャンスを生かせます。ニンニク料理でスタミナをつけて。	北、南、西	ペパーミントグリーン
30	金	先負／寅卯		社内の揉めごとに巻き込まれないよう、口数は少なめに。	西、北東、南西	金色
31	土	仏滅／寅卯 二百十日		名所旧跡に行くなら車がおすすめ。ご当地グルメも楽しんで。	東、北東、南西	水色

改革運　2024.9.7 ～ 2024.10.7

開運3か条
- ハイキングを楽しむ
- ヘアスタイルを変える
- 整理整頓をする

周囲の動きに惑わされないこと

運気は高い位置にありますが、足踏み状態。積極的に行動するより、自分の内面を見つめ直しましょう。目標達成までのロードマップに抜けているものはないか、進《しん》捗《ちょく》状況はどうなのかを確認してください。今月は周囲の動きが気になりますが、一歩引いたところから状況を見ることが大切。現状を変えようと動いても疲れるだけで、成果はあがりません。イメージチェンジをしたり、目標達成のための勉強をしたりと、自分磨きに時間を使いましょう。心乱されることがあっても冷静さをキープして、臨機応変な対応をとるようにしてください。

家で家族と一緒に過ごす時間を多くとることもおすすめ。部屋の模様替えをしたり、インテリアプランを練ったりして、よい運気が集まる家づくりを目指しましょう。

9月の吉方位	北、南東
9月の凶方位	南、東、西、北東、北西、南西

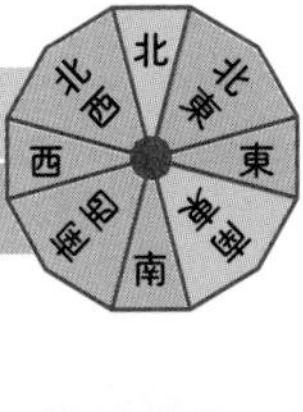

この天中殺の人は要注意

申《さる》酉《とり》天中殺

仕事がおろそかになります。また、収支の管理がルーズになり、資金がショートするかも。なんとか危機をクリアしたと思っても、次の天中殺の谷が待っていそう。誘われても断り、ひとりでいるように。

仕事運

人事異動や取引先の担当者が変わるなど、まわりで変化がありそうです。柔軟性を発揮し、慣れない業務も落ち着いて対応してください。感情的になってチームの和を乱すような言動は慎みましょう。この機会に、これまでの仕事のやり方を見直し、方向性がズレていないか確認することも大切です。

金運

見込みがはずれ、立てていた金銭計画が崩れそう。今月は大きな買い物は避け、出費をセーブしましょう。貯蓄は安全性を重視し、新規の投資には手を出さないこと。お財布や通帳入れなどお金に関連するものを整理し、くたびれていたら新調してください。

愛情運

※申酉天中殺の人は新しい出会いは先にのばして

新しい出会いに恵まれますが、トラブルもありそう。また、気になる人との関係が進展せずヤキモキしてしまうかもしれません。いちかばちかで行動しがちなあなたですが、自分からはアプローチしないように。軽い気持ちで恋人と付き合っていた人は、別々の道を歩いていくことになりそうです。

9月のおそうじ風水 ▶ **引き出し。中身を全部出して、水拭きして。**

日	曜日	六曜／天中殺 祝日・歳時記	毎日の過ごし方 ★強運日 ♠要注意日 ♥愛情運 ◆金運 ♣人間関係運	吉方位	ラッキーカラー
1	日	大安／辰巳	◆集まりの場で親密度アップ。海外旅行の話で盛り上がりそう。	北、南、南東	赤
2	月	赤口／辰巳	仕事用デスクはピカピカに。整理整頓で頭の中もすっきり。	北、南東	キャメル
3	火	友引／午未	感情的な友だちに引きずられてカッとしそう。まずは深呼吸を。	東、南西	オレンジ
4	水	先負／午未	♠余力はないので静かに過ごして。目の前の仕事をこなせば○。	東、西、北西、南東	黒
5	木	仏滅／申酉	洗濯物を干してから外出。欲張らず堅実に過ごすと運気回復。	西	クリーム色
6	金	大安／申酉	♥ラブソングをBGMにすると、あなたの魅力がUPします。	南、北東、北西	ワインレッド
7	土	赤口／戌亥 白露	♣朝起きたら窓を開けて風を入れましょう。社交的になれます。	北、南、西	銀色
8	日	先勝／戌亥	チーズショップで買い物して。ワインとともに優雅に晩酌を。	西、北東、南西	金色
9	月	友引／子丑 重陽の節句	センスのいい手土産で評価がアップ。心を込めて選んで。	東、北東、南西	青
10	火	先負／子丑	秋らしいコーディネートを意識して。仕事に集中できます。	北、南、南東	白
11	水	仏滅／寅卯	迷っているなら断る勇気も必要。体調の変化にも気をつけて。	北、南東	ピンク
12	木	大安／寅卯	★人気運が高まる日。SNSでいいね!がたくさんもらえそう。	東、南西	赤
13	金	赤口／辰巳	焦燥感に駆られるかも。お茶を飲んで心を落ち着けましょう。	東、西、北西、南東	水色
14	土	先勝／辰巳	地平線を見ると癒されます。道の駅で泥つき野菜を買うと吉。	西	黒
15	日	友引／午未	好きな香りをまとうと気分が上がります。柑橘系がラッキー。	南、北東、北西	茶色

16	月	先負／午未 敬老の日	祖父母を温泉旅館に招待して。日頃の感謝も伝えましょう。	北、南、西	黄緑
17	火	仏滅／申酉 十五夜	ススキと月見団子を飾って。空を見上げるだけでもOKです。	西、北東、南西	クリーム色
18	水	大安／申酉	ついつい仕事の手を広げがち。やるべきことに専念すること。	東、北東、南西	銀色
19	木	赤口／戌亥 彼岸入り	富裕感を演出して。キラキラ光るアイテムがおすすめ。	北、南、南東	赤
20	金	先勝／戌亥	お財布や支払いアプリの残高不足に注意。買い物は慎重に。	北、南東	ピンク
21	土	友引／子丑	アウトドアがツキを呼びます。キャンプに出かけてみては。	東、南西	紫
22	日	先負／子丑 秋分の日	♠ お墓参りにいって念入りに掃除しましょう。悩みが消えます。	東、西、北西、南東	水色
23	月	仏滅／寅卯 振替休日	お土産は伝統工芸品を。漆や焼物の器、木工品がベストです。	西	黒
24	火	大安／寅卯	♥ 音楽の話題で好きな人と盛り上がりそう。情報収集が大事。	南、北東、北西	赤
25	水	赤口／辰巳 彼岸明け	♣ 人間関係を広げるときです。異業種交流会に参加してみても。	北、南、西	ペパーミントグリーン
26	木	先勝／辰巳	生活習慣を見直したいとき。金箔つきの和菓子がラッキー。	西、北東、南西	金色
27	金	友引／午未	歴史ある建物をリノベーションしたレストランでディナーを。	東、北東、南西	水色
28	土	先負／午未	リンドウの小さなアレンジメントを飾ると幸運に恵まれそう。	北、南、南東	白
29	日	仏滅／申酉	御朱印集めなどお寺がらみの趣味がおすすめ。友だちを誘って。	北、南東	キャメル
30	月	大安／申酉	★ パワーのある日です。羽織りものの中にはノースリーブを。	東、南西	ベージュ

頂上運 2024.10.8 〜 2024.11.6

開運3か条
- 海辺を散歩する
- 手鏡を持ち歩く
- オープンテラスで食事を

最高の運気、全力投球で前進を！

最高潮の運気がめぐってきました。地道に取り組んできた勉強が実を結んだり、あたためていたアイデアが採用されたりと、達成感を味わえるでしょう。勝負運にも恵まれるので、新しいことに挑戦するのもおすすめ。あなたの活躍が有力者の目に留まる可能性も。常にピカピカに磨いた靴を履き、名刺を忘れないようにしましょう。一方で、あまり運気のパワーを感じられない人は、もう少し努力が必要だというサイン。次のチャンスを生かしてください。

人間関係も活発に変化します。出会いがあれば別れも。あなたから去っていく人とは、お付き合いの旬が終わったと考えましょう。別のお付き合いを育てるときです。焦らず、不満を口にしないように心がけてください。

10月の吉方位　南西

10月の凶方位　北、南、西、北東、北西、南東

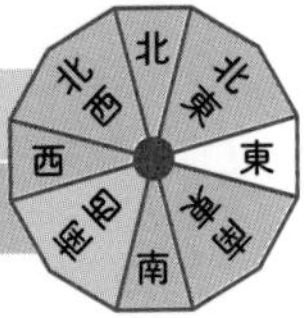

この天中殺の人は要注意

戌亥《いぬい》天中殺

いろいろなリクエストに振り回され、孤軍奮闘《ふんとう》を強いられます。周囲のサポートは期待できないので、自力でなんとかするしかありません。パソコンをバージョンアップして、対応するようにしましょう。

仕事運

これまでの実績やアイデアが評価されます。努力を続けてきた人は、人がうらやむようなポジションをつかみそうです。集中力を高め、思い通りに動きましょう。忙しいので書類の取り扱いには注意を。運気のよさを実感できないなら、努力が足りなかったということ。反省から学び、前に進むチャンスに変えましょう。

金運

楽観的なところがあるあなたですが、意識して自重するようにしてください。気がのらないお誘いも断りましょう。身だしなみを整えるための出費は必要経費なので、惜しみなく出してOK。勝負運はありますが、課金アプリなどは気をつけること。

愛情運

※戌亥天中殺の人は新しい出会いは先にのばして

気になる人がいるなら、積極的にアプローチしましょう。白黒はっきりする運気なので、見込みがなければキッパリ諦めて。スポーツ観戦や趣味のサークルなどで、新しい出会いに恵まれるかもしれません。好きになったら尽くすタイプのあなた、誠実なお付き合いを続けているなら答えが出るかもしれません。

10月のおそうじ風水 ▸ **コンロまわり。五徳ははずし、きれいに磨く。**

日	六曜／天中殺 祝日・歳時記	毎日の過ごし方 ★強運日 ♠要注意日 ♥愛情運 ◆金運 ♣人間関係運	吉方位	ラッキーカラー
1 火	赤口／戌亥	トラブル回避にはメールより手書きのメッセージが有効です。	東、西、北西、南東	黒
2 水	先勝／戌亥	成果があがらなくても落ち込まないで。地道に進めましょう。	西	山吹色
3 木	先負／子丑	うっかりした発言でフォロワーが減ります。言動に注意。	南、北東、北西	赤
4 金	仏滅／子丑	行き違いでミスを押しつけられそう。メールで証拠を残して。	北、南、西	銀色
5 土	大安／寅卯	不用品を整理してフリマアプリへ。いろいろ丸く収まります。	西、北東、南西	黄色
6 日	赤口／寅卯	デートにいくなら博物館がおすすめ。気持ちが充実します。	東、北東、南西	白
7 月	先勝／辰巳	◆金運が上がります。上手にやりくりすればブランド品もOK。	北、南、南東	金色
8 火	友引／辰巳 寒露	仕事の合間のおやつは最中が吉。デパ地下をチェックして。	北、南東	黄色
9 水	先負／午未	感情的にならないで。契約書の扱いには特に注意すること。	東、南西	オレンジ
10 木	仏滅／午未	♠現実逃避したくなるかも。疲れたらカフェでひと休みして。	東、西、北西、南東	紺色
11 金	大安／申酉	本調子ではないのでゆっくり。陶磁器の食器を使うと吉。	西	クリーム色
12 土	赤口／申酉	♥憧れの人にアドバイスをもらいましょう。親密度がUPします。	南、北東、北西	ワインレッド
13 日	先勝／戌亥	♣思い通りに物事が進むかも。パスタの人気店へ足を運んで。	北、南、西	青
14 月	友引／戌亥 スポーツの日	お風呂でストレッチを。首や肩のこりが癒され、快眠できそう。	西、北東、南西	金色
15 火	先負／子丑 十三夜	やりたかったことが周囲の反対に遭います。先輩に相談して。	東、北東、南西	白

16	水	仏滅／子丑	コンビニでのこまごました買い物でも、出費は控えましょう。	北、南、南東	赤
17	木	大安／寅卯	体調の変化に注意。リモートでできるなら家で仕事をして。	北、南東	ピンク
18	金	赤口／寅卯	★飲み会や会食はなるべく参加しましょう。人気者になれそう。	東、南西	紫
19	土	先勝／辰巳	旅先でのアクシデントに注意。川べりを散歩すると厄除けに。	東、西、北西、南東	水色
20	日	友引／辰巳 土用	地道な努力が大事。シーツや布団カバーの洗濯をしましょう。	西	山吹色
21	月	先負／午未	午前中の仕事を午後に持ち越さないように。早めに動いて。	南、北東、北西	碧（深緑）
22	火	仏滅／午未	悪い気がたまっているかも。スパイスの効いたカレーが吉。	北、南、西	ペパーミントグリーン
23	水	大安／申酉 霜降	朝晩の冷え込みに注意。生活習慣を見直して不調なら受診を。	西、北東、南西	黄色
24	木	赤口／申酉	目上の人と信頼を築けます。ランチにお寿司を食べると◯。	東、北東、南西	水色
25	金	先勝／戌亥	◆パーティーはぜひ参加して。ゴージャスな装いで運気アップ。	北、南、南東	赤
26	土	友引／戌亥	家電や家具など大物買いの誘惑がある日。ぐっとこらえて。	北、南東	黄色
27	日	先負／子丑	メイク道具やコスメは、使う物と使わない物で断捨離を。	東、南西	紫
28	月	仏滅／子丑	♠出る杭は打たれます。早めに帰宅しゆったり入浴しましょう。	東、西、北西、南東	白
29	火	大安／寅卯	パワーは低めですが、欲しかった物は購入してもＯＫです。	西	キャメル
30	水	赤口／寅卯	♥ノリをよくしているとみんなの人気者に。交際費は用意して。	南、北東、北西	碧（深緑）
31	木	先勝／辰巳 ハロウィン	♣ハロウィンのイベントに参加して。交友関係が広がります。	北、南、西	黄緑

2024
November

11月

停滞運　2024.11.7 〜 2024.12.6

開運3か条
- 入浴を楽しむ
- 靴下のおしゃれをする
- セール情報の確認を

ひとりの時間を充実させる

秋の深まりとともに運気は停滞しています。前進しようとすると目の前に高い壁が立ちはだかりそう。八方塞がりだと実感する人もいるかもしれません。自ら動くとさらなるトラブルを招くので、休息のときととらえましょう。もともと用心深いあなた。静かに過ごしていれば、トラブルを引き寄せることはないでしょう。残業や寄り道は避け、早めに帰宅して家で過ごす時間を充実させること。時間をかけてスキンケアをしたり、資格の勉強を進めたりして、プライベートを充実させましょう。人の悪口や噂話には加わらないことも重要です。公私ともに現状維持ができればＯＫだと考えてください。

朝起きたら白湯を飲み、体をあたためて浄化させましょう。また暖房器具やひざかけの準備をしておくこと。

11月の吉方位	北北西、東南東
11月の凶方位	北、南、北東、南西、南南東

この天中殺の人は要注意

戌《いぬ》亥《い》天中殺

スキャンダルに見舞われそう。過去のトラブルも蒸し返されそうです。天中殺はメンタルトレーニングのひとつと考え、冷静な姿勢でいること。お年寄りを大切にして運気の貯金を心がけて。

仕事運

やるべきことを淡々とこなしましょう。ささいなことでミスをしがちなので、慣れている仕事でも油断はしないように。早めに出社して、その日の段取りを決めてから動くといいでしょう。今月は時間にも気持ちにもゆとりを持つことが大切です。疲れやすいので、早めに帰宅し、心身の休息に時間を使ってください。

金運

イライラした気持ちを発散するための買い物はNG。日々の買い物にも気を配り、収支のバランスを崩さないこと。友人や同僚からのお誘いもなるべく避け、余計なお金を使わないようにしてください。資産運用に関するセミナーには参加しましょう。

愛情運

運気が低迷しているので精神的な支えを求めがち。その場限りのアバンチュールはトラブルになるだけなので注意しましょう。判断力も鈍っているので、新しい出会いには慎重に。パートナーのいる人はふたりの関係を維持したほうがよさそうです。結婚願望が高まりますが、自分から動くのは控えたほうがいいでしょう。

11月のおそうじ風水 ▶ **バスルーム。シャワーヘッドもきれいに。**

日	六曜／天中殺 祝日・歳時記	毎日の過ごし方 ★強運日 ♠要注意日 ♥愛情運 ◆金運 ♣人間関係運	吉方位	ラッキーカラー
1 金	仏滅／辰巳	部屋の真ん中に座って瞑想を。1日中心穏やかに過ごせます。	西、北東、南西	金色
2 土	大安／午未	高級住宅地からいい運気がもらえます。お散歩気分でいって。	東、北東、南西	銀色
3 日	赤口／午未 文化の日	◆友人との交流から新しい出会いが。華やかなコーデが○。	北、南、南東	白
4 月	先勝／申酉 振替休日	周囲の流れに逆らわないこと。高台のカフェでコーヒーを。	北、南東	ピンク
5 火	友引／申酉	やってきたことの成果が出る日。日々の積み重ねが大事です。	東、南西	オレンジ
6 水	先負／戌亥	♠連休の疲れがどっと来そう。あたたかいスープで癒して。	東、西、北西、南東	水色
7 木	仏滅／戌亥 立冬	脇役に徹したほうがベター。料理に産地直送野菜を使うと○。	西	クリーム色
8 金	大安／子丑	♥お気に入りの音楽でテンションを上げ、新しいことをスタート。	南、北東、北西	ワインレッド
9 土	赤口／子丑	♣茶道やマナーの教室に行くと、対人スキルが大幅にUPします。	北、南、西	ペパーミントグリーン
10 日	先勝／寅卯	自宅で過ごすと吉。部屋のプチ模様替えでリフレッシュして。	西、北東、南西	黄色
11 月	友引／寅卯	欲張りな性格は抑えること。食べすぎ、飲みすぎにも注意。	東、北東、南西	青
12 火	先負／辰巳	〆切に追われそう。急いでも丁寧な仕事を心がけましょう。	北、南、南東	赤
13 水	仏滅／辰巳	新しいスタイルを取り入れるのは明日から。今日は様子見で。	北、南東	黄色
14 木	大安／午未	★自宅でダンス動画を見てから出社すると強運でいられます。	東、南西	ベージュ
15 金	赤口／午未 七五三	七五三を迎える子どもがいたら、例年よりご祝儀を奮発して。	東、西、北西、南東	白

16	土	先勝／申酉	パワーは低めですが努力は続けて。寄せ鍋を食べましょう。	西	黒
17	日	友引／申酉	誤解されてしまうかも。思いつきで行動するのはやめること。	南、北東、北西	茶色
18	月	先負／戌亥	サービス精神で話を盛ってしまいがちな日。ぐっとこらえて。	北、南、西	銀色
19	火	仏滅／戌亥	何事もやけを起こさず、ひとつずつ解決をし、衝動買いに注意。	西、北東、南西	金色
20	水	大安／子丑	リーダー役をまかされそう。快諾すると評価が上がります。	東、北東、南西	水色
21	木	赤口／子丑	◆ブレスレットをつけると金運がＵＰ。なければ買ってもＯＫ。	北、南、南東	黄色
22	金	先勝／寅卯 小雪	不動産情報アプリをダウンロード。有益に使えそうです。	北、南東	ピンク
23	土	友引／寅卯 勤労感謝の日	美容室でのイメチェンが大成功しそう。理想は明確に伝えて。	東、南西	ベージュ
24	日	先負／辰巳	♠部屋の乱れは心の乱れ。汚部屋になる前に整理整頓と掃除を。	東、西、北西、南東	水色
25	月	仏滅／辰巳	推し活が捗りそう。グッズのチェックはネットでこまめに。	西	黒
26	火	大安／午未	♥花モチーフのカードやスタンプで、好きな人にメッセージを。	南、北東、北西	ワインレッド
27	水	赤口／午未	♣遠くに住む友だちや親戚から連絡の予感。朗報を期待できます。	北、南、西	黄緑
28	木	先勝／申酉	ヨーグルトで腸活を。気持ちを落ち着けて、師走に備えて。	西、北東、南西	クリーム色
29	金	友引／申酉	企画書や資料の作成は今日中に仕上げて。プラス思考が吉。	東、北東、南西	白
30	土	先負／戌亥	紅葉狩りがラッキー。秋らしいスタイルで出かけると開運。	北、南、南東	赤

2024
December

12月

基礎運 2024.12.7 〜 2025.1.4

開運3か条
- **スカーフを活用する**
- **豆を食べる**
- **ボランティアに参加する**

サポート役に徹し、運気を開く

まだ運気は本調子ではありません。あれこれとやりたいことがあっても、活動的になるのは時期尚早《しょうそう》。下調べをして、しっかりとした計画を立てるべき運気です。結果や評価を求めず、焦らず確実に一歩進むことが大切です。リーダー役になるのではなく、チームとしてスムーズに前進できるようにサポートしましょう。そうすれば将来の見通しが立つようになります。

与えられた課題をクリアし、二者択一を迫られたらあえて厳しい道を選ぶこと。これがあなたを成長させるでしょう。技術の習得や情報収集にも向いている運気です。

パワーも低めで体調も万全ではありません。師走の疲れをためないように豆類や根菜を食べて、体調管理に努め、2025年を迎えるようにしましょう。

12月の吉方位　なし

12月の凶方位　北、南、東、北東、北西、南東、南西

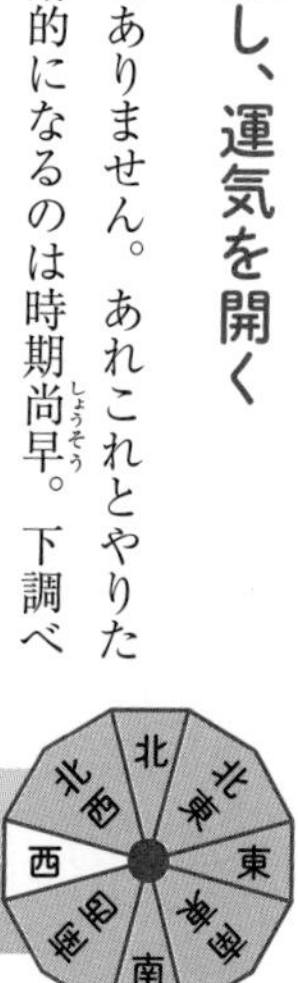

この天中殺の人は要注意

子《ね》丑《うし》天中殺

年末を迎え、生活のリズムが崩れます。忘年会やクリスマスパーティーで知り合った人とは一定の距離を保って。また、メールの誤送信に注意してください。待ち合わせは余裕をもって行動すること。

仕事運

新しいことには手を出さず、現状維持を心がけましょう。ほかの人が敬遠しがちな業務を進んで引き受け、サポート的な立場に徹してください。ルーティンワークも過信せず丁寧にこなすことで、あなたの評価も高まります。打算的になったり、楽なほうに流されると、運気が下がるので気をつけて。

金運

将来の夢や目標に向けたマネープランを立ててください。ボーナスが出てもすぐに使わず、貯蓄に回しましょう。投資額のアップはかまいませんが、新たな金融商品はしっかりリサーチして。飲み会の席が増えますが、基本的に割り勘を心がけましょう。

愛情運 **※子丑天中殺の人は新しい出会いは先にのばして**

人の集まる機会が増えますが、職場や旧友、趣味のサークルなどこれまでの知り合いの中にいいご縁があるかも。押しが強いところがあるあなたですが、気になる人との距離はゆっくりと縮めるようにしてください。パートナーがいる人は、クリスマスなど楽しいイベントを一緒に過ごすと絆が深まります。

12月のおそうじ風水 ▶ **寝室。ぬいぐるみを片づけ、ベッド下を掃除。**

日	六曜／天中殺 祝日・歳時記	毎日の過ごし方 ★強運日 ♠要注意日 ♥愛情運 ◆金運 ♣人間関係運	吉方位	ラッキーカラー
1 日	大安／戌亥	モデルルームへ。イメージが湧き、実現しやすくなるかも。	北、南東	キャメル
2 月	赤口／子丑	★洋服の力でパワフルになれます。今日は気合いコーデで勝負。	東、南西	オレンジ
3 火	先勝／子丑	加湿器を出して肌と喉に潤いを与えて。現状維持がベストです。	東、西、北西、南東	紺色
4 水	友引／寅卯	豆類からパワーをもらえる日。ビーンズサラダを食べると吉。	西	山吹色
5 木	先負／寅卯	少々落ち込むことがあっても表面上は明るく振舞いましょう。	南、北東、北西	赤
6 金	仏滅／辰巳	職場に不穏な空気が流れます。デスクの掃除で邪気を祓って。	北、南、西	青
7 土	大安／辰巳 大雪	集まりの幹事役を持ちかけられそう。辞退するのがベター。	西、北東、南西	黄色
8 日	赤口／午未	腕時計をコーデのポイントに。知的なイメージを大切にして。	東、北東、南西	水色
9 月	先勝／午未	◆お小遣い稼ぎができそう。忘年会のお誘いは二つ返事でOKを。	北、南、南東	黄色
10 火	友引／申酉	仕事を詰めてしまいがち。破綻する前にまわりに振りましょう。	北、南東	金色
11 水	先負／申酉	忘れ物をしそう。名刺入れなどこまごましたものをチェック。	東、南西	紫
12 木	仏滅／戌亥	♠無茶振りされてストレスに。早めの就寝で体力と気力の回復を。	東、西、北西、南東	白
13 金	大安／戌亥	突発的な行動はトラブルに。大掃除も計画的に進めましょう。	西	黒
14 土	赤口／子丑	あざといと思われてしまいそう。素の自分を出してみて。	南、北東、北西	碧（深緑）
15 日	先勝／子丑	♣畳のある和食店で食事を。協力を得やすいムードになります。	北、南、西	ペパーミントグリーン

16	月	友引／寅卯	新しいことにチャレンジすると失敗。今できることをやって。	西、北東、南西	金色
17	火	先負／寅卯	クラウドファンディングに挑戦を。自分への投資にもなります。	東、北東、南西	白
18	水	仏滅／辰巳	憧れのジュエリーショップを覗いて。華やかな気分が開運に。	北、南、南東	赤
19	木	大安／辰巳	心配ごとの芽は年内に取り除いて。割り勘での支払いが吉。	北、南東	キャメル
20	金	赤口／午未	★年末年始の着こなしを考えて。きちんと感を出すほど強運に。	東、南西	紫
21	土	先勝／午未 冬至	アクシデントに遭遇するかも。家で静かに過ごしましょう。	東、西、北西、南東	水色
22	日	友引／申酉	駅や美術館など、レンガ造りの建物を訪れて。運気が回復。	西	黒
23	月	先負／申酉	心がモヤモヤしたら並木道を歩いて。気のせいだと思えます。	南、北東、北西	ワインレッド
24	火	仏滅／戌亥 クリスマス・イブ	恋人や家族、仲よしグループにもクリスマスギフトをあげて。	北、南、西	黄緑
25	水	大安／戌亥 クリスマス	テーブルの中央に花を飾って、静かに過ごすクリスマスが◯。	西、北東、南西	キャメル
26	木	赤口／子丑	自宅の整理を意識しましょう。不用品はすべて処分する日。	西、北東、南西	クリーム色
27	金	先勝／子丑	♣玄関掃除を念入りにしましょう。よい運気を呼び込めます。	北、南、西	ペパーミントグリーン
28	土	友引／寅卯	♥新しい恋を引き寄せたいなら、柑橘系の入浴剤であたたまって。	南、北東、北西	碧（深緑）
29	日	先負／寅卯	野菜などおせちの材料を準備。新しいレシピにチャレンジを。	西	キャメル
30	月	仏滅／辰巳	♠思い通りにならなくても冷静になって。靴下のおしゃれが吉。	東、西、北西、南東	紺色
31	火	赤口／辰巳 大晦日	★エネルギーに満ちて大掃除も完璧に。窓もきれいに磨くこと。	東、南西	オレンジ

COLUMN 3

〜2024年のラッキーフード〜

柑橘類と酸味でエネルギーチャージを

2024年全体のラッキーフードは柑橘類や酸味です。みかんやオレンジ、レモン、お酢、梅干しを毎日の食生活に取り入れましょう。たとえばレモンならレモンティーや、サラダに添えるだけでもOK。梅干しのおにぎりも手軽でおすすめです。また、桃は邪気を祓うので旬の時期に食べましょう。

フルーツには旬があるので、フレッシュなものが手に入らないときは、写真やポストカード、イラストなどを目に入る場所に飾っておくのもいいでしょう。若々しいエネルギーに包まれる2024年ですから、ラッキーフードで体にパワーを取り入れてください。

第5章

九星別の相性の法則

相性の法則

運気通りに過ごせば、相性のよい人たちを引き寄せます

幸せな人生を送るためには、相性はとても大切なものです。相性と運気は深くかかわっています。運気通りに過ごしていれば、周囲には自分と相性のいい人たちが自然と集まってきます。

また、相性が合わない人と出会ったとしても、互いに認め合える面だけで上手に付き合っていくことができるのです。

ユミリー風水では、厳密にいうと4つの要素で相性を見て総合的に判断していますが、本書では人生の基本となる生まれ年の星（カバー裏参照）、つまりライフスター同士の相性を見ていきます。

ライフスターの相性がいいとは、長い時間を一緒に過ごす住まいや職場での営みが

九星の相性早見表

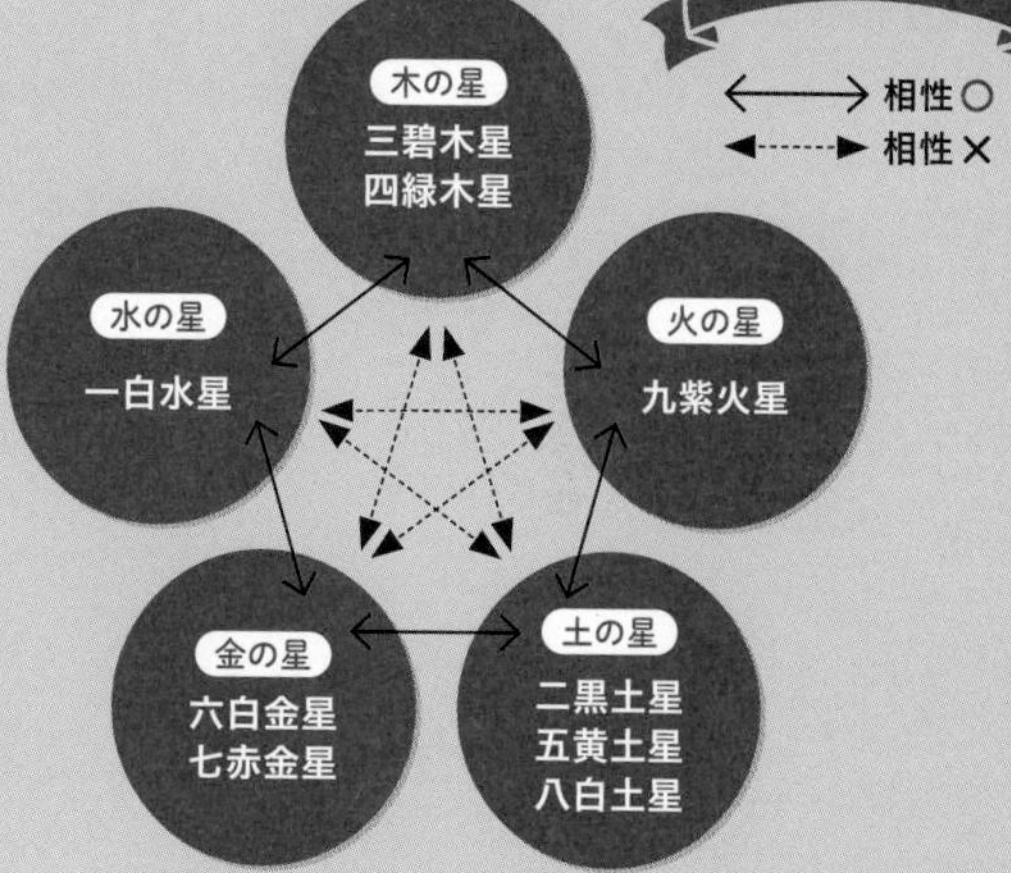

合うということを意味します。相性がいいと自分の気持ちや考え方がすんなりと相手に伝わるので、相手も理解、思いやり、感謝、愛情、親切といったものを返してくれます。逆に、相性が悪い場合は、125ページで相性が合わない場合の対処法を紹介しているので、ぜひ参考にしてください。

上の図は、ライフスター同士の相性をあらわした図です。風水の五行という考え方を取り入れ、9つのライフスターを五行に分け、相性を見ています。隣り合う星同士は相性がよく、向かい合う星同士は相性が悪いということになります。

（水の星）　　（水の星）

一白水星 と 一白水星

お互い同じ水の星。水の強い力が一緒になればパワフルに。
また、穏やかな流れのように癒し合える間柄でもあります。

相性○

恋愛

ものの考え方やとらえ方が同じ傾向にあるので、共感し合えることが多いはず。好き嫌いもはっきりしています。慣れてくるとお互いに自己主張をしがちになり、いきすぎれば関係にヒビを入れてしまうことに。

夫婦

ふたりで楽しめる趣味を持つなどして、一緒に同じ方向に流れる川のような関係を目指すとうまくいきます。相手が落ち込んでいるときは、やさしく接してあげましょう。

友人

相手の気持ちに敏感になって、困っていたら進んで話を聞いてあげましょう。隠しごとはしないで、プライベートな相談にものってもらうと○。

仕事

ひとつの目標に向かって協力し合える関係です。ささいなことで意地の張り合いになったときは、部下や後輩の側が一歩譲りましょう。

一白水星の2024年

2024年は開始運の年。何かを始めるにはぴったりの時期です。行動的になると気分も前向きに。やりたいことにチャレンジして。

（水の星）　（土の星）

一白水星 と 二《じ》黒《こく》土《ど》星《せい》

一白は水の星で、二黒は土の星。一白の水は、作物を育む二黒の大地をすべて押し流してしまうパワーを持っています。

相性×

恋愛　一白の水と二黒の土は一緒になると泥沼になってしまうので、ある一定の距離を置いたほうが賢明。そうすれば、ちょうどいい湿り気を帯びた土のようにいい関係に落ち着きます。愛情表現が苦手な二黒の気持ちを汲んであげることも必要。

夫婦　妻が一白で、二黒の夫を立てればバランスがとれます。家事の役割分担を決めておくと関係はスムーズに。一白はなかなか決断を下せない二黒にイライラさせられそうです。

友人　現実主義的な二黒の価値観をできるだけ理解して、相手が求めることには応えてあげて。相手の頑固な面には目をつぶってあげることも必要です。

仕事　二黒の行動を予測して臨機応変に対処できるように準備して。二黒のまじめさを引き立ててあげて。役割分担を決めたほうがうまくいきます。ほどよい距離感が大切です。

二黒土星の2024年

これまでの行動や努力の成果が見えはじめる開花運の年。人付き合いも活発になりますが、トラブルにならないように注意して。

（水の星）　　　　（木の星）

一白水星 と 三《さん》碧《べき》木《もく》星《せい》

水の一白が草花の三碧の成長を助ける関係です。
一白は、三碧の命の源である水をコントロールする役目を担います。

相性○

恋愛

一白は、チャーミングな三碧にひと目惚れしがち。おしゃべり好きで理論派の三碧とうまくやっていくには、一白は受け身に徹するほうがいいでしょう。子どもっぽい面を持っている三碧を上手になだめることも、よい関係を保つコツです。

夫婦

口うるさくわがままな三碧を、笑って許せる心の広さを持ちましょう。浮気性な面を持つ一白は自制心が必要です。夫が一白で、妻が三碧だと相性はさらに○。

友人

三碧に花を持たせるように行動すると安定します。悪気はなくても、あまりにもストレートな言い方は三碧を傷つけるので要注意。

仕事

口達者ではあるものの行動力が伴わない三碧に対し、それを許す心の余裕を持ってください。三碧とうまくやるには、理論武装することが大切です。

三碧木星の2024年

運気の波がいったん止まる静運の年。新しいことを始めるよりも、生活習慣を見直したり家族と過ごしたりして余裕をもった生活を心がけて。

（水の星） （木の星）

一白水星 と 四《し》緑《ろく》木《もく》星《せい》

水の星である一白と、樹木を象徴する四緑。
立派な樹木となって森にまで成長するにはたくさんの水の力が必要です。

相性〇

恋愛
一白と四緑は共通の趣味などを通して、すぐに仲よくなれます。一白は優柔不断な面を持つ四緑の有益なアドバイザー役に。一白はわがままな四緑をやさしく受け止める大きな力を持っています。ケンカをしたときは、一白のほうから謝って。

夫婦
四緑を束縛《そくばく》するのは控えて。どんな場合でも四緑を信頼できる限り、よい関係を続けることができます。一白が夫で、四緑が妻という役回りなら理想的な関係です。

友人
互いに話しやすい相手と感じ、なんでも言い合える関係を築けます。四緑には気軽に愚痴をこぼせ、よき相談相手にもなってくれるでしょう。

仕事
社交的で営業力のある四緑を理解し、サポートしてあげましょう。こまめにコミュニケーションをとることが、関係をスムーズにする鍵です。

四緑木星の2024年
2024年は運気が上向きになる結実運の年です。仕事で望むような活躍ができ、心身ともに充実しそう。社会的地位を固めて。

（水の星）　　　（土の星）

一白水星 と 五《ご》黄《おう》土《ど》星《せい》

水の一白と、腐葉土《ふようど》を象徴する五黄。
腐葉土にはすでに適度な水分が含まれているので、一白の水を必要としません。

相性×

恋愛

互いに性格や価値観が異なり、なかなか打ち解け合えないでしょう。一白が五黄に寄り添うほど、関係は悪化しそう。心理的に一定の距離を保つこと。うまくやっていくには、一白は五黄のわがままに応えるなど、尽くすことが必要です。

夫婦

心理的に適度な距離感が必要です。異なる仕事や趣味を持つなど、それぞれに自分の世界を持っていたほうがいいでしょう。妻が一白で、夫が五黄のほうがうまくいきます。

友人

なかなか理解し合うことができませんが、五黄の言うことを聞いたり、合わせたりしているうちはうまくいきます。ライバル意識はトラブルのもと。

仕事

うまくやっていきたいなら、五黄に合わせたり、一歩譲ったりしたほうが無難です。自分の意見を押しつければ、トラブルは大きくなるだけです。

五黄土星の2024年

実り豊かな金運の年です。満ち足りた気分を味わうことができそう。2024年は人との交流の場にはできるだけ参加して。

（水の星）　（金の星）

一白水星 と 六《ろっ》白《ぱく》金《きん》星《せい》

一白は水の星で、六白は金の星。鉱物を意味する金は、地中で長い年月を経ることで水を生じます。

相性○

恋愛

金の星である六白は竜巻のような気流も象徴します。水の一白と六白が一緒になると嵐が生まれるように、互いに助け合うことで大きな幸せを築ける関係です。六白は一白の話を親身に聞いてくれるので、一白は安心して信頼を寄せて。

夫婦

六白のわがままを聞く側に回っているように見える一白ですが、実は六白を手の平の上で遊ばせている、そんな関係です。六白が夫で、一白が妻だといい夫婦になります。

友人

助けられたら助けるという、ギブ&テイクの関係が長続きの秘訣。ときどき六白を褒めたり、感謝したりして気分よくさせてあげて。

仕事

お互い不得手なところをカバーし合える相手です。どんなことがあっても、人前では六白のプライドを傷つけないようにすることが肝心です。

六白金星の2024年

ひと区切りがつく改革運の年です。周囲に変化があるかもしれませんが、慌てずに落ち着いて。努力を継続することが大切です。

（水の星）　（金の星）

一白水星 と 七《しち》赤《せき》金《きん》星《せい》

一白は水の星で、七赤は金の星。鉱物を意味する金は、
地中で長い年月を経ることで水を生じます。

相性○

恋愛

初対面から波長の合うふたりです。華やかな雰囲気を持つ七赤に対し、一白は気後れしがちですが、話してみるとウマが合い惹かれます。またプライドの高い七赤も、自分にないものを持っている一白に惹かれます。

夫婦

表面的には七赤がイニシアティブをとりますが、重要な場面では一白が決断していく関係です。どちらもお金に困らない金運に恵まれたカップルでうまくいきます。

友人

お互いに自分にはない能力を認め合い、補い合うことができます。七赤からは相談を持ちかけられることが多いので、親身に応えてあげて。

仕事

お互い気を遣うことなく、理解し合える相手なので仕事はスムーズに運びます。一白は決断力に欠ける七赤をフォローしてあげましょう。

七赤金星の2024年

運気が頂点に達する頂上運の年。周囲からの注目度も高くなり、実力が認められる年です。新しいことにチャレンジするのも○。

（水の星） （土の星）

一白水星 と 八《はっ》白《ぱく》土《ど》星《せい》

一白は水の星で、八白は山の星。一白は激流となって、土を少しずつ積み上げて作った山である八白を押し流します。

相性×

恋愛

価値観が異なるので、ふたりはなんとなくリズムが合いません。気持ちの押し売りをしがちな一白に、マイペースで受け身の八白。お互いに深く干渉せず、自分の世界をしっかり持っているほうが関係は安定します。

夫婦

互いに自分の世界を持つこと、家事は分担を決めておくことがよい関係を保つコツです。八白への不満は我慢したり、ため込んだりせず、きちんと言葉で表現して。

友人

八白を打算的だと感じることもあり、間に距離を置きがち。無理して付き合うと、なんとなく縁遠くなっていきます。一定の距離感が大切です。

仕事

価値観の違いをお互いが認め合おうとする姿勢が大切。感情的にならず、八白が正しいことを言っているなら認めてあげましょう。

八白土星の2024年

季節でいえば真冬にあたる停滞運の年です。新しいことを始めるには向きません。心と体をゆっくり休めるのに適しています。

（水の星）　　　（火の星）

一白水星 と 九紫火星《きゅうしかせい》

一白は水の星であり、九紫は火の星。どちらも強いパワーを秘め、正反対の性質を持ち合わせています。

相性×

恋愛

正反対のふたりだからこそ、惹かれ合うかもしれません。一白は、自分とは異なる視点を持つ九紫のアドバイスは新鮮に感じるはず。考え方や行動が異なるので、ケンカは当たり前と心得て。距離を上手にとれれば逆にうまくいきます。

夫婦

お互いに仕事を持ち、考えの違いを認め合えるなら、よい関係を築くことができます。お互いの寛容《かんよう》さも必要です。夫婦なら、一白が夫で妻が九紫の立場がいいでしょう。

友人

お互いを思いやる気持ちがないと長続きしません。べったりの関係はNG。たまに会って有益な情報を交換する間柄のほうがうまくいきます。

仕事

やり方やアプローチの仕方が異なることもたびたび。でもそれを認識していれば、お互いを高め合ってよい仕事仲間になります。公私の区別をつけることも必要。

九紫火星の2024年

冬眠から目覚めて、活動を始める基礎運の年。基礎固めの時期にあたるので目標をしっかり定め、コツコツと努力を積み重ねましょう。

相性が合わないとき

**ライフスターの相性は、毎日の営みにおける相性です。
相性が合わないのにいつも一緒だと、より摩擦が大きくなります。
自分の世界を持ち、適度な距離感を保つことがうまくやっていく秘訣です。**

恋愛 同棲は避けましょう

家で夫婦のようにまったり過ごすより、デートをするなら外へ出かけたり、グループで楽しんで。いつもベッタリは控え、同棲は避けましょう。結婚間近なら、お互いに仕事を持って暮らしていけるように努力して。

夫婦 仕事や趣味を充実

家での生活にあまりにも強い執着があると、ふたりの間の摩擦がより大きくなります。夫婦の場合、共働きをしている、お互い趣味や習いごとがあるなど、自分の世界を持っていればうまくいくケースが多いのです。

友人 礼儀を忘れずに

プライベートな部分に土足で入っていくことはしないようにしましょう。親しき仲にも礼儀ありの心がけがあれば、長続きします。価値観が異なるので、相手からの相談には意見を言うよりも聞き役に回って。

仕事 感情的な言動は控えて

もともと物の見方や感性が異なることをしっかり認識すること。違うのは当たり前だと思えば腹は立ちません。相手の長所をなるべくみつけて。自分と合わないところには目をつぶって、感情的にならないように。

COLUMN 4

～2024年の休日の過ごし方～

自然や音楽を楽しんでリラックス

若草や花に触れる休日の過ごし方がおすすめです。ベランダガーデンを作ったり、アレンジメントフラワーを作って飾ったり。インテリアにグリーンを取り入れるのも忘れずに。

散歩も風水のラッキーアクションですが、特に2024年は並木道がおすすめです。春なら桜並木、秋なら銀杏《いちょう》並木を歩いて。また庭園をゆっくり散歩してもいいでしょう。

コンサートやライブで好きなアーティストの音楽を楽しむのも三碧木星の象意に合っています。家の中でもＢＧＭを流すようにするとよい気に包まれ、リラックスできます。

運を育てるための心得

❋運気はめぐっている

私たちの人生は、停滞運から頂上運までの9つの運気が順番にめぐってきます。いいときも悪いときも平等にやってきます。悪いときのダメージを少なくするために運気の貯金が必要です。悪いときは貯金を使い、そしてたまった運気は使うと、さらに増やすことができます。衣食住を整えることは毎日の運気の積み立て貯金。**あなたにめぐっている運気に合ったアクションで運気の貯金をしましょう。**また、吉方を生かすことで、運気の貯金をプラスできます。人は毎日の生活の中で、移動しながら活動しています。吉方へ動くことは追い風にのって楽しく移動するということ。今後の発展に影響する運気の貯金ができます。

また、吉方の神社にお参りを続けると、運気の貯金を増やすことができます。日のカレンダーにある吉方位を参考にして運気を貯金していきましょう。

9つの運気を理解する

停滞運　季節では真冬にあたるとき。植物が土の中でエネルギーを蓄えるように、春の芽吹きをじっと待つ時期です。思うようにならないと感じることも多くなりますが、**心と体を休めてパワーチャージしてください。**行動的になると、疲れたりトラブルに巻き込まれたりすることも。これまでの行いを振り返り、自分自身を見つめるのにいいときです。

＊運気のため方　掃除や片づけなどで水回りをきれいにして、ゆったりとした時間を過ごしましょう。食生活では上質な水をとるようにしてください。朝起きたら1杯の水を飲み、清々しい気分で1日をスタートさせましょう。

基礎運　冬眠から覚め、活動を開始するとき。自分の生活や環境を見直して、これからの人生の基礎固めをするような時期です。**目標を決め、それに向けた計画を立てましょう。**目の前のことをコツコツこなし、手堅く進んでください。また、この時期は目立つ行動は避け、サポート役に回ったほうが無難です。趣味や勉強など自分磨きには向いているので、学びたいことをみつけ、努力を続けましょう。

＊運気のため方　地に足をつけてしっかり歩ける靴を選びましょう。ガーデニングなどで土に触れると運気の貯金になります。食事は根菜類を取り入れたヘルシー料理がおすすめ。自然を意識した過ごし方で英気を養いましょう。

開始運　季節でいうと春をあらわし、秋に収穫するために種まきをするとき。**物事をスタートさせるにはいいタイミングで、やりたいことがあるならぜひチャレンジしましょう。**行動的になるほどモチベーションも上がり、気持ちも前向きになっていく運気。ただし、準備不足と感じるなら次のチャンスまで待ってください。表面的に華やかなので、ついその雰囲気につられてしまうと、中途半端なまま終わることになります。

＊運気のため方　心地いい音に包まれることで開運します。ピアノ曲をＢＧＭにしたり、ドアベルをつけたりして生活の中に美しい音を取り入れましょう。食事では梅干しや柑橘類など酸味のあるものをとりましょう。

開花運　春にまいた種が芽を出して成長し花を咲かせる、初夏をイメージするときです。これまでの努力や行動に対する成果が表れはじめ、心身ともに活気にあふれます。気持ちも充実し、新たな可能性も出てきそうです。人脈が広がってチャンスにも恵まれますが、出会いのあるぶん、トラブルも起こりやすくなります。**頼まれごとは安請け合いせず、持ち帰って冷静な判断をするようにしてください。**
＊運気のため方　食事は緑の野菜をたっぷりとるようにしましょう。住まいの風通しには気を配ってください。和室でのマナーを守り、美しい立ち居振舞いを心がけて。空間にアロマやお香などいい香りをプラスするとさらに運気が活性化されます。

静運　運気の波が止まって、静寂が訪れるようなときです。動きがなく安定しているので、ひと休みをするべき運気。**新しいことには着手せず、生活習慣を見直したり家の中で家族と過ごしたりするのがおすすめです。**思い通りにならないと感じるなら、スケジュール調整をしっかりしましょう。安定志向になるので、この時期に結婚をするのは向いています。ただし、引越しや転職などは避けてください。
＊運気のため方　この時期は時間にゆとりを持って行動することも大切。文字盤の大きい時計を置き、時間は正確に合わせておいてください。お盆やお彼岸にはお墓参りをし、きれいに掃除をしてください。

結実運　運気が上がり、仕事で活躍できるときです。やりがいを感じ、心からの充実感も味わえるでしょう。**目上の人から信頼を得られるので、自分の力をしっかりア**

ピールして社会的地位も固めましょう。また、新しいことを始めるのにも向いている時期です。真摯に取り組んでさらなる結果を出してください。ただし、何事もやりすぎには注意して。チームとして動くことで夢を実現させましょう。

＊運気のため方　ハンカチやスカーフなど小物は上質なものを選んで。高級感のある装いがさらなる幸運を呼びます。理想を追求していくと、人生もそれに見合った展開になっていくでしょう。名所旧跡を訪ねましょう。

金運　季節でいえば秋。黄金の収穫期を迎え、満ち足りた気持ちを味わうことになるでしょう。これまで努力してきたことが成果となって金運に恵まれます。交友関係も広がり、楽しいお付き合いも増えるでしょう。**楽しむことでいい運気を呼び込むことができるときなので、人との交流の機会は断らないように。**新しい世界が広がって、さらなるチャンスに恵まれます。また、仕事への情熱も高まって金運を刺激します。

＊運気のため方　宝石を身につけましょう。またデンタルケアを大切にしてください。食品の管理、冷蔵庫の掃除などにも気を配ってください。西日が強い部屋は金運を下げます。西側は特にきれいに掃除して、カーテンをかけましょう。

改革運　晩冬にあたる時期です。**家でゆっくり過ごしながら自分を見つめ直す、リ**

セットの時期です。ひと区切りがつくので立ち止まり、自己チェックを！　まわりで変化が起きますが、慌てず落ち着いて対応しましょう。迷ったら慎重になって、ときには断る勇気も必要になってきます。特にお金がからむことには首を突っ込まず、避けるようにしてください。粘り強く努力を続けることが大切です。

＊運気のため方　イメージチェンジがおすすめです。部屋に山の写真や絵を飾ると大きなビジョンで物事を考えることができるようになります。根菜類を料理に取り入れてください。渦巻き模様のアイテムが運気の発展を後押ししてくれます。

頂上運　これまでの努力が実を結び、運気の頂点に達したことを実感できるとき。積極的に動くことで実力が認められ、名誉や賞賛を手にすることができます。充実感もあり、エネルギーも湧いてくるでしょう。新しいことにチャレンジしてもOK。**存在感をアピールして、自分が望むポジションをつかみましょう。**頂上に昇ることは目立つこと！　隠しごとも露見してしまうときです。早めに善処しておきましょう。

＊運気のため方　めがねや帽子、アクセサリーなど小物にこだわったファッションを取り入れましょう。部屋には美術品などを飾り、南側の窓はいつもピカピカに磨いておくと、運気がたまります。キッチンのコンロもこまめに掃除を。

【基数早見表①】1935年～1964年生まれ

	1月	2月	3月	4月	5月	6月	7月	8月	9月	10月	11月	12月
1935年（昭10）	13	44	12	43	13	44	14	45	16	46	17	47
1936年（昭11）	18	49	18	49	19	50	20	51	22	52	23	53
1937年（昭12）	24	55	23	54	24	55	25	56	27	57	28	58
1938年（昭13）	29	0	28	59	29	0	30	1	32	2	33	3
1939年（昭14）	34	5	33	4	34	5	35	6	37	7	38	8
1940年（昭15）	39	10	39	10	40	11	41	12	43	13	44	14
1941年（昭16）	45	16	44	15	45	16	46	17	48	18	49	19
1942年（昭17）	50	21	49	20	50	21	51	22	53	23	54	24
1943年（昭18）	55	26	54	25	55	26	56	27	58	28	59	29
1944年（昭19）	0	31	0	31	1	32	2	33	4	34	5	35
1945年（昭20）	6	37	5	36	6	37	7	38	9	39	10	40
1946年（昭21）	11	42	10	41	11	42	12	43	14	44	15	45
1947年（昭22）	16	47	15	46	16	47	17	48	19	49	20	50
1948年（昭23）	21	52	21	52	22	53	23	54	25	55	26	56
1949年（昭24）	27	58	26	57	27	58	28	59	30	0	31	1
1950年（昭25）	32	3	31	2	32	3	33	4	35	5	36	6
1951年（昭26）	37	8	36	7	37	8	38	9	40	10	41	11
1952年（昭27）	42	13	42	13	43	14	44	15	46	16	47	17
1953年（昭28）	48	19	47	18	48	19	49	20	51	21	52	22
1954年（昭29）	53	24	52	23	53	24	54	25	56	26	57	27
1955年（昭30）	58	29	57	28	58	29	59	30	1	31	2	32
1956年（昭31）	3	34	3	34	4	35	5	36	7	37	8	38
1957年（昭32）	9	40	8	39	9	40	10	41	12	42	13	43
1958年（昭33）	14	45	13	44	14	45	15	46	17	47	18	48
1959年（昭34）	19	50	18	49	19	50	20	51	22	52	23	53
1960年（昭35）	24	55	24	55	25	56	26	57	28	58	29	59
1961年（昭36）	30	1	29	0	30	1	31	2	33	3	34	4
1962年（昭37）	35	6	34	5	35	6	36	7	38	8	39	9
1963年（昭38）	40	11	39	10	40	11	41	12	43	13	44	14
1964年（昭39）	45	16	45	16	46	17	47	18	49	19	50	20

【基数早見表②】 1965年〜1994年生まれ

	1月	2月	3月	4月	5月	6月	7月	8月	9月	10月	11月	12月
1965年（昭40）	51	22	50	21	51	22	52	23	54	24	55	25
1966年（昭41）	56	27	55	26	56	27	57	28	59	29	0	30
1967年（昭42）	1	32	0	31	1	32	2	33	4	34	5	35
1968年（昭43）	6	37	6	37	7	38	8	39	10	40	11	41
1969年（昭44）	12	43	11	42	12	43	13	44	15	45	16	46
1970年（昭45）	17	48	16	47	17	48	18	49	20	50	21	51
1971年（昭46）	22	53	21	52	22	53	23	54	25	55	26	56
1972年（昭47）	27	58	27	58	28	59	29	0	31	1	32	2
1973年（昭48）	33	4	32	3	33	4	34	5	36	6	37	7
1974年（昭49）	38	9	37	8	38	9	39	10	41	11	42	12
1975年（昭50）	43	14	42	13	43	14	44	15	46	16	47	17
1976年（昭51）	48	19	48	19	49	20	50	21	52	22	53	23
1977年（昭52）	54	25	53	24	54	25	55	26	57	27	58	28
1978年（昭53）	59	30	58	29	59	30	0	31	2	32	3	33
1979年（昭54）	4	35	3	34	4	35	5	36	7	37	8	38
1980年（昭55）	9	40	9	40	10	41	11	42	13	43	14	44
1981年（昭56）	15	46	14	45	15	46	16	47	18	48	19	49
1982年（昭57）	20	51	19	50	20	51	21	52	23	53	24	54
1983年（昭58）	25	56	24	55	25	56	26	57	28	58	29	59
1984年（昭59）	30	1	30	1	31	2	32	3	34	4	35	5
1985年（昭60）	36	7	35	6	36	7	37	8	39	9	40	10
1986年（昭61）	41	12	40	11	41	12	42	13	44	14	45	15
1987年（昭62）	46	17	45	16	46	17	47	18	49	19	50	20
1988年（昭63）	51	22	51	22	52	23	53	24	55	25	56	26
1989年（平1）	57	28	56	27	57	28	58	29	0	30	1	31
1990年（平2）	2	33	1	32	2	33	3	34	5	35	6	36
1991年（平3）	7	38	6	37	7	38	8	39	10	40	11	41
1992年（平4）	12	43	12	43	13	44	14	45	16	46	17	47
1993年（平5）	18	49	17	48	18	49	19	50	21	51	22	52
1994年（平6）	23	54	22	53	23	54	24	55	26	56	27	57

【基数早見表③】 1995 年～ 2024 年生まれ

	1月	2月	3月	4月	5月	6月	7月	8月	9月	10月	11月	12月
1995年（平7）	28	59	27	58	28	59	29	0	31	1	32	2
1996年（平8）	33	4	33	4	34	5	35	6	37	7	38	8
1997年（平9）	39	10	38	9	39	10	40	11	42	12	43	13
1998年（平10）	44	15	43	14	44	15	45	16	47	17	48	18
1999年（平11）	49	20	48	19	49	20	50	21	52	22	53	23
2000年（平12）	54	25	54	25	55	26	56	27	58	28	59	29
2001年（平13）	0	31	59	30	0	31	1	32	3	33	4	34
2002年（平14）	5	36	4	35	5	36	6	37	8	38	9	39
2003年（平15）	10	41	9	40	10	41	11	42	13	43	14	44
2004年（平16）	15	46	15	46	16	47	17	48	19	49	20	50
2005年（平17）	21	52	20	51	21	52	22	53	24	54	25	55
2006年（平18）	26	57	25	56	26	57	27	58	29	59	30	0
2007年（平19）	31	2	30	1	31	2	32	3	34	4	35	5
2008年（平20）	36	7	36	7	37	8	38	9	40	10	41	11
2009年（平21）	42	13	41	12	42	13	43	14	45	15	46	16
2010年（平22）	47	18	46	17	47	18	48	19	50	20	51	21
2011年（平23）	52	23	51	22	52	23	53	24	55	25	56	26
2012年（平24）	57	28	57	28	58	29	59	30	1	31	2	32
2013年（平25）	3	34	2	33	3	34	4	35	6	36	7	37
2014年（平26）	8	39	7	38	8	39	9	40	11	41	12	42
2015年（平27）	13	44	12	43	13	44	14	45	16	46	17	47
2016年（平28）	18	49	18	49	19	50	20	51	22	52	23	53
2017年（平29）	24	55	23	54	24	55	25	56	27	57	28	58
2018年（平30）	29	0	28	59	29	0	30	1	32	2	33	3
2019年（令1）	34	5	33	4	34	5	35	6	37	7	38	8
2020年（令2）	39	10	39	10	40	11	41	12	43	13	44	14
2021年（令3）	45	16	44	15	45	16	46	17	48	18	49	19
2022年（令4）	50	21	49	20	50	21	51	22	53	23	54	24
2023年（令5）	55	26	54	25	55	26	56	27	58	28	59	29
2024年（令6）	0	31	0	31	1	32	2	33	4	34	5	35

直居由美里（なおいゆみり）

京都造形芸術大学「東京芸術学舎・ライフスタイル学科」にて風水講座の講師を経て、2012年より由美里風水塾を開校。環境学の学問として、風水・家相学などを30年にわたり研究し、独自のユミリー風水を確立した。「人は住まいから発展する」というユミリーインテリアサイエンスの理念のもと、風水に基づいた家づくりを提案し、芸能人や各界のセレブにもファン多数。テレビや雑誌、講演会のほか、企業のコンサルタントとしても活躍中。2009年「易聖」の称号を得る。現在YouTubeで「ユミリー風水研究所」として幸運な人生の送り方を発信中。

YouTube　https://www.youtube.com/@user-zr9kk1be9j

公式HP　http://www.yumily.co.jp

波動表に基づいた運勢やアドバイスを毎日更新中!（携帯サイト）

『直居ユミリー恋愛♥風水』　https://yumily.cocoloni.jp

『ユミリー成功の法則』　https://yms.cocoloni.jp

ブックデザイン　フレーズ

カバーイラスト　押金美和

本文イラスト　レミイ華月

編集協力　テクト・パートナーズ、メイ

撮影　市川勝弘

ヘアメイク　今森智子

衣装協力　YUKI TORII INTERNATIONAL

九星別《きゅうせいべつ》ユミリー風水《ふうすい》
2024
一白水星《いっぱくすいせい》

2023年　8月10日　第1刷発行

著　者　直居由美里《なおいゆみり》

発行者　佐藤 靖

発行所　大和《だいわ》書房

東京都文京区関口1-33-4

電話 03-3203-4511

本文印刷　光邦

カバー印刷　歩プロセス

製本所　ナショナル製本

ISBN978-4-479-31040-2

https://www.daiwashobo.co.jp

特別付録

願いを叶えるお守りカード

一白水星

護符を毎日眺めてください。または点線で切り取り、
誰にも見えないように、いつも持ち歩くものに入れておきましょう。
願いは、いくつでもかまいません。